내 안의
스티브 잡스를
깨워라!

Jobs

내 안의
스티브 잡스를
깨워라!

김미경 지음

21세기북스

일상의 작은 깨달음을
선물하고 싶습니다

'김미경의 파랑새'를 시작한 지도 벌써 1년이 다 되어갑니다. 파랑새 강연은 한국 강의 역사상 전무후무한 실험이었죠. 저는 매달 전혀 다른 주제의 자기계발 강의를 선보였고 청중들은 3만 원이라는 거금을 내고 기꺼이 제 강의를 들으러 와주셨습니다. 심지어 부산, 대전, 광주 등 지방에서 찾아온 이들도 적지 않았어요. 매달 500명에 가까운 청중이 공연장을 가득 메워주셨습니다. 지금까지 파랑새 강연에 다녀간 청중들만 6000명이 넘을 정도니까요.

그렇게 해서 얻은 수익금의 3분의 1은 매달 아름다운재단에 기부됐습니다. 인생의 출발점에서 배우고 싶어도 가난 때문에 포기해야 했던 대학생들의 장학금으로 돌아간 것이죠. 배움과 나눔의 선순환. 이것이 제가 파랑새를 만든 '이유'였고 수많은 청중들이 확인해준 '의미'였습니다.

김미경의 파랑새를 진행하면서 가장 공들인 것은 역시 콘텐츠였습니다. 파랑새의 청중은 보통 청중이 아니었으니까요. 콘서트도 연극도 아닌 강연에 3만 원씩이나 투자한다는 것은 웬만한 열정 가지고는 불가능합니다. 이미 배움과 자기계발이 '습관화된' 고급 청중을 만족시키기 위해서는 남다른 준비가 필요했습니다.

게다가 파랑새는 매달 전혀 다른 주제로 진행됩니다. 지금까지 다룬 주제만 해도 아이패드적 사고, 스피치, 하루경영, 30대 여성의 자기계발, 사장 연습, 돈의 이치, 직장인 남녀 탐구생활 등 열두 가지가 전부 제각각입니다. 주제는 다 다르지만 그 어느 것도 소홀히 하지 않으려면 깊은 통찰이 필요했기에 콘텐츠를 만드는 과정은 처음부터 끝까지 고통의 연속이었습니다. 무대에서의 한 시간 반을 위해 짧으면 한 달에서 길게는 두세 달씩 준비와 연습을 거듭해야 했으니까요.

　그렇게 탄생한 파랑새의 강의 하나하나는 제게는 마치 자식과도 같습니다. 때문에 좀 더 많은 분들에게 소개하는 방법을 고민하던 중 기회가 왔습니다. 파랑새 팬들과 출판사의 요청으로 '김미경의 책으로 만나는 강의' 시리즈를 발간하게 된 것이죠.

　이 시리즈는 단순한 강의 요약본이 아닙니다. 강의라는 특성상 줄일 수밖에 없었던 다양한 근거와 에피소드, 시간상 뺄 수밖에 없었던 콘텐츠들을 대폭 보강했습니다. 비록 얇은 책이지만 단행본으로서 그 나름의 완결성을 추구한 것이죠.

　김미경의 파랑새가 계속되는 한 '김미경의 책으로 만나는 강의'

시리즈도 앞으로 1년에 서너 번씩 독자 여러분의 창을 두드릴 예정입니다. 이 책이 여러분의 일상에서 작은 깨달음을 얻게 하고, 작은 변화를 일으키는 반가운 선물이 되기를 소망해봅니다.

– 2012년 1월 서교동에서 김미경 드림

모든 것을 가능케 하는 힘은
실용과 몽상이다

"애플은 명확한 비전과 크리에이티브를 지닌 천재를 잃었습니
다. 그리고 세계는 정말 놀라웠던 한 사람을 잃었습니다. 스티브
와 함께 일하는 행운을 누렸던 저희는 사랑하는 친구이자 늘 영
감을 주는 멘토였던 그를 잃었습니다. 이제 스티브는 오직 그만
이 만들 수 있었던 회사를 남기고 떠났으며 그의 정신은 애플의
근간이 되어 영원히 남을 것입니다."

2011년 10월 5일 애플은 공식 성명을 발표해 스티브 잡스의
죽음을 알렸다. 잡스의 사망은 단지 애플만의 손실이 아니었다.
전 세계인에게 상실감을 안겨준 일대 사건이었다.

IT 분야에 관심이 있든 없든 이제 스티브 잡스를 모르는 사람
은 없다. 잡스가 1997년 애플의 CEO가 되고 나서 2000년 이후
선보인 아이팟, 아이폰, 아이패드 등은 IT를 비롯한 모든 분야의
생태계를 뒤바꿔버렸다.

도대체 우리는 왜 스티브 잡스와 아이패드에 열광하는 것일까. 나는 이런 물음과 궁금증으로 한때 스티브 잡스에 미쳐 있었다. 그와 관련된 모든 자료를 찾아보고 아이패드 역시 국내에 들어오자마자 구입했다. 이후 아이패드에 폭 빠져버린 나는 아이패드와 살다시피 했다. 아이패드는 알면 알수록 무한한 가능성을 보여주는 신기함 그 자체였다.

스티브 잡스와의 즐거웠던 데이트(?)는 나에게 새로운 상상력과 가능성을 일깨워주었다. 그리고 결국 왜 잡스가 전 세계를 뒤흔든 아이패드를 만들 수 있었는지 깨달았다.

이유는 바로 '혁신'이었다. 그것도 먼저 자신을 열어 내보이고 시작하는 혁신. 잡스는 통제와 검열 대신 개방과 소통을 추구했다. 전 세계 모든 이들이 아이패드를 통해 꿈을 실현토록 만들었다. 아이패드가 만들어낸 세상에선 어느 누구라도 평등하고 당당하다. 잡스는 그 어떤 것도 홀로 가지려 하지 않았지만, 결국 모든 것을 가질 수 있는 세상을 창조해냈다.

잡스는 천재적인 '실용적 몽상가'이지만 그렇다고 외계인은 아니다. 그가 남들보다 뛰어난 머리를 가졌을지는 모르지만 그것만이 성공의 이유를 설명할 수 없다. 그가 평생에 걸쳐 쌓아온 인문학적 토대와 끊임없는 상상력이 더해져 '실용의 그릇에 무한한 상상력을 담을 수 있는' 아이패드를 만들어낼 수 있었던 것이다.

먼저 변화하고 끊임없이 상상하라

스티브 잡스와 아이패드가 우리 삶의 패러다임을 바꾸기 전엔 먼저 소유한 자가 모든 것을 가졌다. 독점과 통제는 그것을 선점한 자가 원하는 이익을 거둘 수 있게 해주었다. 하지만 이제 세상은 정반대의 길을 가고 있다. 아이패드 그리고 구글과 같은 기업은 더 이상 독점과 통제가 성공의 열쇠가 아님을 보여준다. 이제는 개방과 소통, 끝없는 링크가 기업과 개인의 생존 열쇠가 되었다. 이미 변화는 시작되었고 거대한 물결은 요동치고 있다.

이러한 새로운 세상에 재빠르게 적응해 자신의 새로운 가능성을 확인하고 나아가 성공을 거머쥘 것인가? 그렇지 않으면 스스로 세상과 벽을 쌓고 기존의 편안함에 안주하며 살아갈 것인가?

고민 끝에 나는 아이패드적 사고를 통해 승부해야 한다는 결론을 얻었다. 기존의 사고에서 벗어나 끊임없이 혁신을 추구해야만 성공할 수 있다. 이는 물론 하루아침에 이뤄질 수 있는 일이 아니다. 스티브 잡스의 성공 역시 오랫동안 축적된 인문학적 소양이 뒷받침되었기에 가능했다. IT 분야의 최강자가 되려면 오히려 깊은 인문학적 소양이 필요하다는, 역설처럼 들릴 수 있는 이 말이 왜 사실인지는 곧 이해할 수 있을 것이다.

이 책은 아이패드를 통한 나의 성장 기록이다. 그리고 스티브 잡스와의 즐거웠던 데이트의 기록이기도 하다. 나의 경험을 통해 세계인들이 지금 어떠한 방식으로 소통하고 있는지, 또한 어떠한 사고를 가지고 경제적인 이익을 추구하고 있는지 깨닫는다면, 그리고 변화의 필요성을 느낄 수 있다면 이 책은 성공한 것이다.

1분 1초 단위로 변화하는 시대에 적응하고 맞춰나가는 것은 물론 쉽지 않은 일이지만 불가능하지는 않다. 문제는 자신의 기존 사고를 바꿀 수 있느냐에 달려 있다. 이미 많은 사람들이 아이패드를 통해 새로운 세상과 만나고, 성공하고 있다. 각자의 직업, 위치에서 '잡스다운' 사고, '아이패드적인' 사고로 무장해 성장하는 이들이 늘어나고 있다. 그 길에 더욱 많은 이들이 동참하기를 바라는 마음이다. 결국 미래는 먼저 변화하고, 끊임없이 상상하는 이들의 것이다.

|차 례|

아이패드의 세계에선 누구든지 환영받는다.
누구든지 들어와 자신의 능력을 뽐내라고 한다.
바로 그렇기에 아이패드가 성공할 수 있었던 것이고,
엄청난 경제적 가치를 창출해냈다.
우리는 바로 그 점에 주목해야 한다.

Part 1

왜
아이패드인가?

01

아이패드와의
첫 만남

누구라도 아이패드를 통해 자기개발을 이루고, 자신의 아이디어를 확장할 수 있다. 누구라도 살 수밖에 없는 기계를 만드는 힘. 그것이 바로 스티브 잡스가 위대한 CEO이자 프로덕트 피커(product picker, 제품 선택자)라는 증거다.

지금은
'아이패드' 시대

2010년 4월 23일 발매를 시작한 애플의 아이패드는 8개월 만에 1000만 대 판매라는 놀라운 기록을 세우며 지금껏 1500만대 이상 판매되었다. 또한 전체 태블릿PC 시장의 80퍼센트가넘는 점유율을 자랑하며, 30만 개가 넘는 어플리케이션이 애플앱스토어에 등록되어 있다. 이미 어플 100억 개가 다운로드되었고, 시장규모만도 52억 달러에 달한다. 현재 어플 10개 중 8개가무료이지만, 전문가들은 3년 안에 어플 시장규모가 150억 달러에 이를 것으로 전망하고 있다.

아이패드가 가져온 변화는 그뿐만이 아니다. 세계 태블릿PC 시장은 2015년까지 총 1억 5000만 대, 490억 달러의 매출이가능할 것으로 예상하고 있다. 태블릿PC의 멈출 줄 모르는 고공 행진은 결국 기존 PC의 세계 출하량 감소를 가져왔다.

국내에도 역시 아이패드 열풍이 몰아쳤다. 삼성, LG 등 세계 최고의 국내 기업들은 앞다퉈 아이패드에 맞설 태블릿PC 개발에 몰두했다. 곧 갤럭시탭과 같은 기기를 선보였지만 아이패드의 인기를 잠재우기에는 역부족이었다. 애초보다 조금 늦게 국내에 소개된 아이패드2에 대한 반응 역시 폭발적인 상황이다. 아직은 태동기라 할 수 있지만 국내 태블릿PC 시장규모도 2011년 120만 대, 2012년 300만 대 이상으로 성장할 전망이다. 그야말로 '아이패드 시대'라고 해도 틀린 말이 아니다.

나 역시 아이패드가 국내에서 처음 판매되던 그날 구입했다. 끝없이 늘어선 줄을 보고 아이패드의 인기를 실감할 수 있었다. 그 수많은 인파 사이에서 마침내 아이패드를 손에 쥐자 얼마나 신나던지!

하지만 아이패드가 국내에 소개되기 전부터 그것을 사용하던 이들이 있었다. 그중 한 명이 바로 '창조경영의 전도사'로 불리는 홈플러스의 이승한 회장이다. 이미 이 회장은 아이패드를 요긴하게 활용하고 있었다. 약 1년 전 자문회의에 참석했을 당시 이 회장은 미국에서 구입해 가져왔다며 아이패드를 꺼내 다양한 기능을 직접 '시연'했다. 당시 국내에서 아이패드를 접하지 못했던 나를 비롯한 참석자들은 부러움의 눈으로 바라볼 수밖에 없었다.

이 회장은 아이패드를 통해 전 세계 홈플러스 매장의 매출

현황을 손쉽게 파악했고, 각 국가별로 어떤 제품이 잘 팔리는지까지 실시간으로 확인했다. 또한 딸의 연주회 모습이 담긴 사진을 파노라마로 보여주며 배경음악까지 삽입하는 센스도 선보였다. 자문회의 이후 식사 시간까지 그의 아이패드 자랑은 멈출 줄 몰랐고 참석자 모두 매우 부러워했다.

이승한 회장의 현재 나이는 예순일곱 살이다. 스마트 기기를 다루기에는 조금 어려운 나이라 생각할 수도 있다. 하지만 그날 아이패드를 자유자재로 다루는 이 회장의 모습은 마치 열정적인 40대 중역처럼 보였다. 이처럼 빠르게 '혁신'을 받아들인 그였기에, 누구보다 먼저 한국 유통산업의 방향을 제시하고, 미래를 설계할 수 있었다.

이 회장은 그가 종사하고 있는 유통업이 인터넷 등 정보기술과 접목될 때 가장 효율을 높일 수 있는 대표적 산업임을 직감했다. 아울러 스마트폰과 스마트TV, 소셜네트워크 서비스(SNS)와 IT 수준을 볼 때 한국이 스마트 시대 '유통의 강자'가 될 수 있다고 판단했다.

그의 현재 목표는 최근 오픈한 비식품 전문 인터넷 쇼핑몰 '스타일몰'을 '한국판 아마존'으로 만드는 것이다. 이를 위해 오프라인 점포에서 반품, 환불, 픽업이 가능한 '멀티채널' 서비스를 제공하고 전 세계 14개국 테스코 그룹사들과의 글로벌소싱 협력 기반을 갖추어 차별화된 상품을 공급해나갈 계획이다.

아울러 일선에서 물러나면 '미래경영학자'로서 창조경영을 이론적으로 발전시킬 꿈을 가지고 있다. 변화를 두려워하지 않고 끊임없이 혁신을 추구하는 그에게 어울리는 비전이 아닐 수 없다.

도전은
새로운 성공의 시작이다

아이패드가 가져올 혁신을 감지한 이가 또 있었다. 모 잡지사의 사장인 그 역시 아이패드를 해외에서 먼저 구입해 왔다. 그리고 아이패드를 통해 사양산업으로 전락해가는 잡지 시장에서 생존할 수 있는 키워드를 찾아냈다.

현재 잡지사 혹은 신문사들의 가장 큰 고민은 무엇일까. 지금 이 분야는 '가만히 있어도 사라지는' 업종이라는 점이다. 스마트 기기는 독자들을 빼앗아 갔고, 자연히 구독률과 판매율이 저하되었다. 구독률이 떨어지면 광고주들도 등을 돌리기 마련이다. 하루가 다르게 변화하는 세상에서 한 달에 한 번 발행하는 잡지의 정보는 그 가치를 상실할 수밖에 없다.

생각해보라. 서태지와 이지아의 이혼설이 터져 나와 양쪽이 입장을 발표한 뒤 이런저런 루머성 기사들이 쏟아지다가 결국 이지아가 소송을 취하할 때까지는 채 한 달이 걸리지 않았다. 월간지에서 서태지와 이지아와 비밀 결혼과 이혼 위자료 청구 소송을 기사화할 때 이미 독자들의 관심은 거기로부터 멀어진 상황인 것이다. 더 이상 정보만으로 잡지사의 미래가 보장되지 않는다. 사장을 비롯한 300명의 전 직원이 머리를 싸매고 고민해도 답은 보이지 않았다. 그렇다면 이대로 무너질 수밖에 없는 것인가.

하지만 그 사장은 아이패드를 이용해 새로운 돌파구를 마련했다. 그는 국내에 아이패드가 들어오기 전부터 앱을 준비했다. 아이패드용 무료 잡지를 만들어 런칭한 것이다. 반응은 폭발적이었다. 하루에도 수만 명이 가입했고 입소문이 퍼져 나갔다. 이제 수십만 명의 가입자들이 잡지를 보고 있다. 아이패드건 갤럭시탭이건 스마트 기기 사용자만큼의 수가 회원가입을 한다면 이 잡지사는 수익을 올리고, 앱을 유료로 전환할 수 있을 것이다. 이것이 잡지사 사장이 아이패드를 본 순간 다음처럼 말한 이유다.

"잡지 산업은 아직 죽지 않았다. 절대로 죽지 않는다. 우리는 이제 새로운 길을 만들어나갈 것이다!"

그렇다면 그가 만들어낸 무료 앱은 기존 잡지와 어떻게 다를까? 이제 과거처럼 한 장 한 장 광고를 넘기며 보는 시대는 끝나가고 있다. 대신 모든 광고를 살아 숨 쉬게 할 수 있다.

예를 들어 잡지에 실을 "홍대 앞 예쁜 옷 30만 원으로 쇼핑하기"란 기사를 쓴다고 하자. 리포터가 직접 거리에 나가 지도를 따라가며 '어떤 옷이 얼마이고, 어떤 가게가 어떤 옷을 주로 판매한다'는 식으로 소개할 것이다.

하지만 아이패드에선 다르다. 일단 한 옷 가게를 터치한다. 그러면 바로 그 가게와 연결된다. 그곳에서 판매하는 상품들이 어떤 것들인지, 가격은 물론 재고 현황까지 파악할 수 있다. 다른 아이템들을 조합해 자신을 직접 코디할 수도 있다. 잡지 그 이상의 기능을 할 수 있는 것이다. 잡지보다 백 배 이상 강력한 매체의 탄생이다.

이처럼 더 이상 인쇄 매체는 팔리지 않는다는 현실 앞에 속수무책인 곳이 있는가 하면 새로운 디바이스로 새롭게 도전해 위기를 기회로 만들어내는 이들도 있다.

이 잡지사의 사장처럼 이미 세계 언론사들은 아이패드의 가능성에 주목해 새로운 변화에 대비하고 있다. 세계 유수의 언론사들이 이미 태블릿PC 앱을 내놓고 유료화를 추진 중이다. 루퍼스 머독이 이끄는 뉴스코프는 아이패드용 신문 「더데일리」를 발행했고 「월스트리트저널」 「파이낸셜타임스」 「뉴욕타임스」 등은 태블릿 뉴스를 유료로 판매하고 있다.

국내 역시 두산매거진이 「GQ」를 태블릿PC용 앱으로 선보이기 시작했고, 「모아진」 「더매거진」 등은 여러 디지털 잡지를 한곳에서 구매할 수 있는 서비스를 공급하고 있다. KT 또한 「올레매거진」을 확장하고 있고 SK텔레콤도 비슷한 서비스를 준비 중이다.

새로움에
대처하는 우리의 자세

우리는 일생을 살아가는 동안 무수히 많은 도전을 받는다. 어떨 때는 통쾌한 승리를 거두기도 하지만 백전백패의 상대도 있기 마련이다. 그렇다면 당신은 그동안 새로운 기기의 도전에 맞서 몇 번이나 승리를 거두었는가? 끊임없이 발전하는 IT 기술 앞에 당신은 어느 정도의 내공을 가지고 있는가. 새로운 기기 앞에 먼저 겁부터 먹고 지레 포기한 적은 없었는가. 지금도 일부러 외면하고 있지는 않은가.

요즘에도 여전히 TV 켜는 것을 두려워하는 노인들이 있다. 휴대폰 문자 메시지를 보내는 것은커녕 스마트키로 집 열쇠가 바뀐 뒤, 집에 들어가는 일조차 커다란 도전이 되어버린 사람들도 있다.

우리 집에 계신 이모는 늘 컴퓨터가 고장 났다고 투덜거린다. 확인해보면 절대로 고장 난 게 아니다. 하지만 이모는 매일 같이 컴퓨터가 고장 났단다. 매일 기계에 지고 사는 것이다.

솔직히 말해보자. 우리가 생각하는 것이 더 빠를까? 아니면 기계가 우리에게 도전하는 속도가 더 빠를까? 결과가 빤히 보이는 대결이다. 우리는 기계를 따라갈 수 없다. 그리고 기계 없이 살아갈 수도 없다. 인정할 건 인정해야 한다. 컴퓨터 없이, 인터넷을 모르고, 스마트 시대에 적응하지 않고도 살 수는 있다. 하지만 분명한 것은 죽었다 깨어나도 성공할 수 없다는 점이다. 우리는 더 이상 기계의 도전에 움찔거릴 게 아니라 당당히 맞서야 한다. 새로운 변화에 맞서 완패하는 사람이 있는가 하면 완승을 거두는 이들도 분명 존재한다. 그리고 그들의 승리엔 다음과 같은 과정이 수반된다.

"새로운 사고방식을 통해 새로운 기회를 맞이하고 새로운 도전으로 새로운 해결책을 만들어 새롭게 적용한다!"

바로 이것이 새로운 IT 기술에 대처하는 우리의 자세다. 앞서 가는 CEO들은 늘 대중과 어떠한 도구로 소통할 것인지 고민하고, 거기에 빠지고, 미친다. 새로운 소통의 도구를 가지면 또 다른 새로운 사업을 구상할 수 있기 때문이다. 환갑을 넘긴 나이에도 불구하고 이승한 회장은 아이패드를 이용해 새로운 유통산업의 미래를 설계했다. 잡지사 사장은 국내 최초로 무료 앱을 만들어 수십만의 독자를 새로이 확보할 수 있었다.

당신이라고 이러한 도전에서 예외일 순 없다. 새로운 기기의 출현에 두려워하기보다는 이를 통해 어떠한 자기계발 및 발전을 할 수 있을까로 사고를 확장시켜야 한다.

'과연 사람들이 무슨 생각으로 아이패드를 만들었을까?'

'내게 아이패드는 새로운 기회다. 도전해볼 가치가 충분하다!'

바로 이 자세다. 아이패드를 만들어낸 스티브 잡스도 마찬가지지만 새로운 디바이스 앞에 당당히 승리를 거두는 이들의 공통점은 바로 새로운 도전을 새로운 방식으로 풀어나간다는 점이다. 도전을 새로운 승리로 바꿀 수 있는 힘이 성공의 열쇠다.

바로 이 점이 아이패드가 엄청난 성공을 거둔 이유이기도 하다. 누구라도 아이패드를 통해 자기개발을 이루고, 자신의 아이디어를 확장할 수 있다. 안 팔릴 수 없도록 만든 것이다. 누구라도 살 수밖에 없는 기계를 만드는 힘, 그것이 바로 스티브 잡스가 위대한 CEO이자 프로덕트 피커(product picker, 제품 선택자)라는 증거다.

02

나의 아이패드
사용기

처음 아이패드를 만나 사용법도 몰랐던 내가 4개월 만에 '유저 CEO'가 되어가고
있었다. 유저 CEO는 단순한 사용자에서 한 단계 업그레이드되어 직접 콘텐츠를
개발하는 이들을 말한다. 스티브 잡스는 그런 면에서 세계 최고의 유저 CEO라 할
수 있다.

아이패드는
돈 먹는 하마다?

누구나 부자를 부러워한다. 그리고 주위에서 돈을 많이 벌어들이는 이들을 보면 궁금증이 생길 수밖에 없다. 당신도 누군가를 보면서 질투를 느껴본 적이 있을 것이다.

'도대체 저 사람은 무슨 수로 저렇게 많은 돈을 버는 걸까?'

많은 사람들이 부러움의 대상으로 바라보는 것 중 하나가 '잘나가는' 식당이다. 언제나 사람들로 북적거리는 식당을 보면 무의식중에 식당의 하루 매출을 계산하고 있는 자신을 발견하게 된다.

"한 명당 5000원이라고 치고, 테이블이 20개니까 한 테이블당 6명 잡고 6 곱하기 20을 하면……."

인원수에서 자리 회전율까지 다다르고 결국 감탄사로 '식당계산법'이 끝난다.

"아, 이 집은 최소한 한 달에 1000만 원은 떨어지겠다!"

나는 손님 많기로 소문난 맛집들을 무수히 가봤지만 특별히 부럽다거나 질투를 느낀 적은 없었던 것 같다. 하지만 솔직히 스티브 잡스에게는 질투를 느꼈다.

"도대체 이 사람은 어떤 머리를 가지고 있기에 이런 방식으로 돈을 버는 것일까?"

내가 아이패드를 구입한 이후 지출한 돈을 생각해보니, 그리고 나와 같은 사람들이 수십 수백만에 이른다고 생각하니 실로 어마어마한 금액이었다.

일단 기계 값부터 따져보자. 지금은 아이패드2의 출시로 가격이 조금 떨어졌지만, 아이패드가 처음 국내에 출시됐을 때는 100만 원에 가까운 고가였다. 기계 값부터 만만치가 않다. 하지만 유저들은 이미 알겠지만 기계만 있다고 전부가 아니다. 포장지를 막 뜯어낸 아이패드는 쇳덩어리에 불과하다. 아이패드를 멀뚱히 바라보며 서로 '고독'할 수밖에 없다.

때문에 아이패드가 살아 숨 쉬려면 기본적인 세팅을 해주어야 한다. 그 과정에서 필요한 액세서리가 늘어나기 시작한다. 먼저 아이패드는 아이폰에 비해 터치가 한결 편하지만, 역시 문서 작성을 하는 데 있어서는 불편한 점이 많다. 그래서 무선 키보드를 구입했다. 또 손가락으로 줄기차게 문지르다 보니 지문이 다 닳아 없어질 판이었다. 추운 겨울 장갑을 낀 상황에선 터치가 쉽지 않았다. 할 수 없이 터치펜을 구입했다.

그뿐만이 아니다. 아이패드를 이용해 파워포인트를 만드는 게 얼마나 재미있든지 빔 프로젝트로 화면을 띄우고 싶었다. 여기에 필요한 게 프로젝트 어댑터였다. 계속해서 카메라 커넥션 킷, 아이패드를 PC 모니터처럼 세워두면서 동시에 충전을 할 수 있는 아이패드 덕, 불편한 짧은 파워 케이블을 보완해줄 긴 길이의 파워 어댑터를 사야 했다. 또 이 비싼 것을 떨어뜨려 고장 낼까봐 하드 케이스까지 구입했다. 정말 출근하듯 애플 숍을 드나들었다. 그러니 얼마나 많은 돈을 아이패드에 쏟아부었겠는가. 아마 기계 값과 맞먹는 돈을 지불했을 것이다.

하지만 여전히 아이패드는 배고프고 고독한 기계였다. 또 다른 무언가를 충족시켜 줘야 했다. 그것이 바로 앱이다. 수십만 종류의 앱이 앱스토어에 등장하고 있다. 대부분 무료가 많지만 자꾸 다운로드를 받다 보면 어느새 유료 앱을 다운로드하고 있는 자신을 발견하게 된다. 0.99~1.99달러라는 금액이 크지 않게 느껴지는 것도 이유겠지만, 앱 자체가 재미있고 유용해서 돈을 지불한다고 보는 편이 더 정확할 것이다.

처음에는 호기심으로 한두 개 다운로드를 받았던 앱이 일단 재미가 들리자 걷잡을 수 없이 늘어나기 시작했다. 사무용은 물론 때로는 단지 예쁘다는 이유만으로 많은 앱을 구입했다. 금액도 점차 늘어나기 시작했다. 0.99~1.99달러였던 것이 차츰

14~15달러짜리 앱으로 '배포'가 커지기 시작한 것이다.

게다가 나만 앱을 사는 게 아니었다. 초등학교에 들어간 막내딸이 동화책을 사달라고 졸랐다. 아이패드 세계의 동화책은 기존에 우리가 알던 동화책과는 차원이 다르다. 동화에 등장하는 호랑이가 실제로 움직이며 포효했고 모든 게 살아 숨 쉬는 그야말로 '꿈같은 이야기들'이었다. 3달러 정도의 앱 중에는 재미있는 것이 정말 많았다. 그러니 안 사줄 도리가 없었다. 그렇게 내가 산 앱과 가족들이 산 앱이 수십 개에 달한다. 생각해보라. 아무리 금액이 적은 앱이라고 해도 나처럼 앱을 구매한 이들이 전 세계적으로 몇 백만 명은 되지 않을까. 그렇다면 도대체 그 금액은 얼마나 될까. 상상을 초월하는 거대한 시장을 아이패드가 만들어낸 것이다.

싸이월드의 창립자이자 최근 한국형 트위터 '런파이프'를 선보인 이동형 대표는 "애플은 인터넷 서비스 업체가 독점하던 무선 인터넷 시장을 해방시켰다. 앱스토어라는 인터넷 장터를 만들어 1인 어플리케이션 개발자를 대량 양산했다"고 평가한다. 스티브 잡스가 만들어낸 거대한 시장에서 엄청난 경제가 꿈틀거리기 시작한 것이다.

잡스는 여기에서도 한몫 단단히 챙긴다. 처음에 나는 어플을 구매하면 그것을 개발한 이에게 돈이 돌아간다고 생각했다. 하지만 그게 전부가 아니었다. 어플 구매 금액의 30퍼센트는 스티브 잡스에게 돌아갔다. 팟캐스트(Podcast) 역시 마찬가지다. 팟캐스트를 올리는 이는 일정 금액을 애플에 지급해야 한다. 그것을 올리는 사람도 구매하는 사람도 애플에 일정 금액을 지불하도록 되어 있는 구조. 스티브 잡스가 억만장자가 될 수밖에 없는 이유다.

마지막으로는 월정료가 있다. 사실 이것처럼 세상에서 돈을 쉽게 벌어들이는 것도 없다. 이제 현대인들은 휴대폰이 없으면 살아갈 수 없는 지경에 이르렀다. 휴대폰을 잃어버려 이틀만 사용하지 못해도 공황 상태에 빠진다. 지출의 모든 분야가 축소되어도 통신비는 해마다 증가하고 있다. 휴대폰과 아이패드를 동시에 사용한다면 월 15만 원이 쉽게 나간다. 결국 가만히 앉아서 돈을 벌어들이는 것이다. '돈을 벌려면 이렇게 벌어야 하는구나' 하는 생각이 절로 드는 대목이다.

4개월 만에
'유저(USER) CEO'가 되다

아이패드로 인해 현대인들이 일하는 방식에도 변화가 일어났다. 특히 나처럼 주로 이동하는 시간이 많은 직업을 가진 이들에겐 획기적인 변화를 안겨주었다. 먼저 밖에 있을 때에도 메신저를 통해 사무실 직원들과 소통이 가능해졌다. 물론 '밖에서까지 감시하느냐'고 투덜거릴 직원이 있을지도 모르겠다. 하지만 실시간으로 필요한 자료나 확인 사항을 알아볼 수 있다는 점에서 CEO에게는 최고의 기능이다. 메신저로 여러 명과 동시에 업무를 상의할 수도 있고, 간단한 의사결정도 이뤄진다. 예전엔 컴퓨터를 떠나면 불안해지곤 했지만 이젠 이동 중에도 언제든지 업무 처리가 가능해졌다.

물론 과거 출장 시엔 노트북을 가지고 다녔었다. 하지만 아무래도 이동 중엔 원활한 인터넷 접속이 어려웠고, 이에 따른

불편함이 적지 않았다. 그러나 이제 3G 시대가 열리지 않았나. 아이패드 덕분에 전국 어디를 가도 불편하거나 불안하지 않게 되었다. 놀라운 변화가 아닐 수 없다.

또한 유패드(UPAD)를 사용한 문서 작성도 나에겐 꽤 유용한 도구가 되었다. 그때그때 떠오르는 아이디어를 직접 손으로 적어둘 수 있기 때문이다. 메모한 것을 시간이 지난 뒤 다시 확인해도 정확히 기억해낼 수 있었다. 아울러 바로 출력이 가능했고 전달 역시 쉬웠다. 여과 혹은 수정의 과정을 거치지 않고도 정보가 바로 전달될 수 있다는 것은 큰 매력이었다.

그렇게 아이패드를 구입한 이후 4개월 동안 정말 열심히 빠져들었다. 거의 매일 아이패드를 끼고 살다시피 했다. 그런데 수많은 앱을 직접 구매해 사용하면서 궁금한 생각이 들었다. '도대체 앱을 개발하는 이들은 누구일까?' '과연 얼마나 뛰어난 이들이기에 이렇게 기발하고 유용한 앱을 만들어낼 수 있을까? 대기업의 유능한 IT 전문가들이나 고액의 연봉을 받는 전문 개발자일까?'

하지만 아니었다. 앱을 제작하는 많은 이들은 단지 남들보다 조금 더 '창의적인' 사람들일 뿐이었다. 오히려 대기업은 상대적으로 유저들이 환영할 만한 콘텐츠, 즉 대중이 원하는 '상상력'이 부족했다. 바로 여기에서 나는 스스로 새로운 가능성을 발견할 수 있었다. 바로 앱 구매자에서 생산자가 되어보자는 생각이었다.

사실 그동안 주로 방송국에서 강의를 하면서 느꼈던 것이 바로 콘텐츠 개발자로서의 내 위치였다. 방송국에서 강의를 한다고 해서 나에게 주어지는 것은 그리 많지 않다. 또한 PD 등 관련자들과의 의사소통도 항상 원활한 것만은 아니었다. 결국 강연 콘텐츠에 대한 대가는 고스란히 방송국에 돌아갔다. 시청자들이 내가 강연하는 영상을 다운로드하면 그 지불 비용이 내가 아닌 방송국으로 갔던 것이다. 나에겐 약간의 출연료만이 지급될 뿐이었다. 내 강연에 대한 지적재산권이 방송국에게 있었던 것이다. 콘텐츠보다 방송국이라는 기능이 더 우세한 상황, 나는 항상 그것이 불만이었다.

그런데 이제 그러한 불합리한 점을 공평하게 해소하고, 콘텐츠만으로 공정하게 평가받을 수 있는 무대가 만들어졌다. 인맥도, 로비도 필요 없는 꿈의 무대, 바로 '팟캐스트'였다. 이젠 누구나 개인 방송국을 만들고 콘텐츠를 평가받을 수 있다. 아이패드의 무대에서는 누구나 평등하게 실력을 평가받을 수 있다.

얼마 전부터 팟캐스트에 나의 5분짜리 '아트 스피치' 동영상을 올리기 시작했다. 반응은 예상보다 훨씬 뜨거웠다. 일주일 만에 1만 건이 넘는 다운로드를 기록하더니 순식간에 다운로드 순위 6위에 올랐다. 그리고 지금까지 20만 건이 넘는 다운로드를 기록하고 있다. 물론 무료 앱이다. 하지만 5~6위의 순위를 차지하니 1위를 해야겠다는 욕심이 나기 시작했다. 그래서 이후에도 스피치 팁을 20개 정도 더 올렸다.

반응은 말 그대로 세계적이었다! 미국을 비롯해 오스트레일리아, 일본 등 유럽에서 아시아에 이르기까지 다양한 사람들이 다운로드를 받은 것이다. 물론 이들이 모두 우리말을 알고 있지는 않을 것이다. 주로 교포들이 다운로드를 받았을 가능성이 높다. 하지만 다운로드 수가 50만, 100만으로 늘어난다면? 당연히 나의 앱은 유료로 전환될 것이다. 이는 내가 바꾸는 게 아니라 다운로드 수가 가져오는 변화다. 이렇게 나는 아무것도 모르고 아이패드와 '고독한 대화'를 시작한 지 4개월 만에 '유저 CEO'로 진화하고 있었다.

네 안의
0.99달러를 찾아라

내가 팟캐스트를 시작하게 된 배경에는 테드(TED)의 영향도 적지 않았다. 정규 교육과정에서 미처 접하기 어려운 생생한 현장의 경험과 신지식을 담아 대중들에게 전달하는 18분 릴레이 '지식나눔' 테드는 대중들에게 강한 흡인력으로 파고든다는 매력을 가지고 있다.

테드로 인해 '스타 강사'가 된 이들을 보는 재미와 관심 있는 분야에 대한 지식을 넓힐 수 있다는 이유로 나 역시 테드를 즐겨 본다. 또한 아이패드를 통해 이제는 이동 중에도 자유롭게 테드를 즐길 수 있게 된 것도 적잖이 작용했다.

애초 테드는 이름처럼 기술(Technology), 엔터테인먼트(Entertainment), 디자인(Design)이라는 세 분야의 지식을 나눈다는 취지로 시작됐다. 하지만 최근에는 철학, 예술, 교육 등 그 분야를 넓혀가고 있다. 다양한 분야의 프로들을 만날 수 있다는 것이 테드의 큰 장점이다. 이제 테드는 국내에 상륙해 한국형 지식 '품앗이'로 거듭나고 있다. 바로 여기에서 내 아트 스피치를 팟캐스트에 올리자는 생각을 떠올리게 된 것이다.

처음 아이패드를 만나 사용법도 몰랐던 내가 4개월 만에 '유저 CEO'가 되어가고 있었다. 유저 CEO는 단순한 사용자에서 한 단계 업그레이드되어 직접 콘텐츠를 개발하는 이들을 말한다. 스티브 잡스는 그런 면에서 세계 최고의 유저 CEO라 할 수 있다.

이런 유저 CEO가 우리 집에도 한 명 있다. 바로 아들 녀석이다. 아들은 게임을 무척 좋아한다. 아니, 좋아하는 차원을 이미 넘어선 듯하다. 하루에 6시간씩 게임에 몰두할 때도 적지 않다. 내 아들을 단순히 게임에 중독된 '심각한 환자'로 봐야 할까? 가슴을 치며 아들의 미래를 걱정해야 할까?

나는 오히려 관심을 갖고 지켜보는 중이다. 그 아이는 유저 CEO가 될 가능성을 가지고 있기 때문이다. 게임에 '미친' 사람만이 만들 수 있는 게 바로 게임이다. 게임을 전혀 모르는 이가 어떻게 게이머들이 환호하는 게임을 만들 수 있을까.

IT가 지배하는 세상에서 유저 CEO는 각광을 받을 수밖에 없다. 스티브 잡스, 안철수 등 세계적 유저 CEO들이 활약하고 있는 모습을 보라.

"설마 게임에만 빠진 내 아들이 세계적인 유저 CEO가 될 수 있겠어?"

이렇게 자문하는 이들도 있을 것이다. 하지만 아이패드를 비롯한 스마트 기기의 등장 이후 게임 시장 역시 거대한 변화의 소용돌이에 빠져 있다. 태블릿PC가 게임 세상을 뒤바꾸고 있는 것이다. 누구든지 태블릿용 게임을 개발해 앱스토어에 올려 대박을 터뜨릴 수 있게 됐다.

핀란드에 '로비오'라는 작은 회사가 있었다. 그전까지 그다지 알려지지 않았던 이 회사는 아이폰, 아이패드용 게임 '앵그리 버드'로 단숨에 세계적인 스타 기업이 되었다. 반면 기존의 닌텐도 등 휴대용 게임기 업계는 직격탄을 맞아 주가가 곤두박질치기도 했다. 사실 앱스토어에 올라오는 수많은 앱 중 적지 않은 비중을 차지하는 게 게임이다. 많은 유저들이 게임을 구매해 즐기고 있다.

이런 변화에 국내 업계 역시 발 빠르게 움직이고 있다. 기존 게임 시장의 대부분을 차지했던 온라인 게임 기업들이 모바일 게임을 보다 강화하고 있는 추세다. NHN, 컴투스, CJ E&M 등은 모바일 인력을 각각 수백 명씩 새로 채용했거나 하고 있다. 일찌감치 스마트 혁명을 감지하고 애플 앱스토어와 페이스북 등을 공략했던 컴투스는 2009년 49억 원이었던 해외 매출을 2011년 215억 원으로 늘릴 예정이다.

그 외에도 유저 CEO로서 성공한 이들은 적지 않다. 2011년까지 총 2000만 명 가입을 목표로 하고 있는 카카오의 이제범 대표, 회사 설립 후 첫 달 매출 35만 원에서 지금은 수억 원대의 수익을 올리고 있는, 아이패드용 사격 게임 '아이건 슈터'를 개발한 바닐라브리즈의 한다윗 대표, 파프리카랩의 김동신 대표, 유저스토리랩의 정윤호 대표, '맛있는 지도' 전명산 대표 등은 젊은 열정과 탁월한 감각 그리고 도전 정신으로 스마트 시대를 주도하는 'IT 혁명가'들이다.

결국 중요한 것은 내가 스스로 만들어낼 수 있는 콘텐츠가 무엇인지 찾아내는 것이다. 아이패드 시대의 핵심을 차지하고 있는 앱은 소수의 대단한 전문가들이 만드는 게 아니다. 오히려 IT 세상에 재빠르게 적응한 청소년들, 평범한 젊은이들이 기발한 앱을 개발해 공전의 히트를 치고 있다.

얼마 전 아시아나항공의 조종사들을 대상으로 아이패드와 관련한 강연을 한 적이 있다. 여기서 가장 강조한 것이 바로 '자신 안의 0.99달러를 찾아라'였다. 앱은 누구나 만들 수 있지만 그만큼 성공하는 것이 쉽지는 않다. 그런데 가만히 들여다보면 수익을 가장 많이 낸 앱들은 대부분 0.99달러짜리였다. 이는 무엇을 말하는가? 성공한 앱은 대기업이 만들어 VIP 마케팅을 동원한 고가의 콘텐츠가 아닌 수많은 대중들의 공감을 얻은 저렴하고도 기발한 콘텐츠라는 것이다. 유료의 가치가 충분한,

동시대의 대중들이 가치가 있다고 동의한 콘텐츠라는 것이다. 때문에 4.99달러짜리 앱을 1만 개 판매하는 것보다 0.99달러짜리 앱을 100만 개 판매하는 게 더욱 가치 있을 수밖에 없다. 그런 관점에서 나는 조종사들에게 말했다.

"당신의 수십 년 항공 조종사 경력을 0.99달러짜리 앱으로 만들 수 있는지 생각해보라."

항공기 조종사라는 직업은 분명 평범한 직업이 아니다. 비좁은 공간에서 수백만 가지 기계들과 싸워야 하는 이들, 스무 살부터 공군에 입사해 수십 년 동안 비행한 조종사도 많다. 전 세계 가보지 않은 곳이 없고 보통 사람들이 경험할 수 없는 무수히 많은 일들을 겪으며 살아온 삶이다. 그런 삶을 한 시간짜리 강연이나 0.99달러짜리 앱으로 만들 수 없다면?

단언컨대 그는 21세기 지식사회, 아이패드 세상에서 콘텐츠적인 삶을 살았다고 할 수 없다. 지식사회에서 자신의 삶을 유산이나 흔적으로 만들어내는 것이 0.99달러의 비밀이다. 각자 무엇을 만들 수 있는지 곰곰이 생각해보라는 말에 그들의 얼굴이 자못 심각해졌다.

술도
그냥 마시지 마라!

레드캡투어의 심재혁 사장은 자신의 생활에서 콘텐츠를 만들어낸 CEO 중 한 명이다. 1970년대 LG상사에 입사한 그는 서류 가방을 들고 전 세계를 누비며 세일즈에 나섰다. 당시 그와 같은 일을 했던 수출 역군들은 최소 5만 명은 되었을 것이다. 하지만 심 사장은 수십 년간 그들과 비교해 다른 한 가지 일을 더 했다.

그는 외국 출장을 갈 때마다 현지의 음식과 술을 연구하기 시작했다. 그는 어쩔 수 없이 치러야 할 술자리나 회식 자리에서도 시간을 낭비하지 않았다. 국가마다 다른 특성을 가진 술의 역사, 종류, 맛 심지어 술잔까지 연구했다. 그가 돌아오는 길에 가져온 것은 단지 수출 목록만이 아니었다. 각국의 술과 음식 목록도 함께 가져온 것이다.

이런 사소하지만 중요한 콘텐츠 개발은 그가 수년 전 인터콘티넨탈호텔의 사장으로 취임하면서 빛을 발하기 시작했다. 술과 음식에 대한 그의 해박한 지식은 고객들을 즐겁게 해주었고 '폭탄주 제조 퍼포먼스'와 강연은 입소문을 타기 시작했다. 결국 그는 쏟아지는 강연 요청을 받아 세계의 다양한 술 문화를 소개하는 '전문 강사'가 되었다.

과거의 심재혁 사장과 같이 수출 역군으로 활약했던 수많은 이들과 그의 차이점은 무엇인가? 그것은 바로 자신의 삶을 하나의 콘텐츠로 개발했다는 점이다. 그는 자신의 경험을 살려서 무언가를 창조해냈다. 이것이 바로 지식사회에서 필요한 정신이다.

"당신은 당신의 삶을 0.99달러로 만들 수 있는가?"

당신의 삶이 단 1달러의 가치도 없을 리가 없다. 어떠한 분야에서든 일정 시간 종사해왔다면 자신만의 콘텐츠가 분명히 있을 것이다. 결국 아이패드적인 사고의 결과물은 0.99달러로 증명될 수 있는 콘텐츠에 있다. 내가 그랬듯 누구나 지식 판매자가 될 수 있다. 아이패드는 그러한 길을 더욱 넓혀주었다. 그렇기에 내 안의 0.99달러는 무엇인지 진지하게 고민해봐야 하는 것이다.

아이패드의 세계에선 누구든지 환영받는다. 누구든지 들어와 자신의 능력을 뽐내라고 한다. 바로 그렇기에 아이패드가 성공할 수 있었던 것이고, 엄청난 경제적 가치를 창출해냈다. 우리는 바로 그 점에 주목해야 한다.

사실 모든 학문은 인문학에서 비롯됐다고 해도 과언이 아니다.
인간을 둘러싼 모든 의문과 고뇌를 풀어나가는 과정,
그것이 인문학인 것이다.
이러한 삶의 기본이 되는 인문학을 깊이 있게 공부하는 가운데
IT 분야에서도 획기적인 창조적 발상이 나올 수 있다는 게 잡스의 철학이다.

Part 2

아이패드형 두뇌
그리고 인문학

01

아이패드의
특징

아이패드는 그 자체가 처음부터 미완성이었으며 앞으로도 그럴 것이다. 마치 살아 숨 쉬는 생명체와 같이 끊임없이 진화하고 거듭나는 것, 그것이 아이패드다. 더 무서운 것은 그것이 잡스의 말대로 이제 '시작에 불과하다'는 점이다.

아이패드는
지금도 미완성?

"지금 아이패드는 아직 걸음마 단계에 불과하다. 이제 아이패드가 본격적으로 성장하기 시작하면 어떤 변화를 만들어낼 수 있는지 지켜보라!"

스티브 잡스의 말이다. 아이패드 시대는 이제 막 시작됐다. 그리고 그 끝은 가늠할 수조차 없다. 내 경험에서 알 수 있듯 아이패드는 그 자체로는 아무런 의미가 없다고 해도 틀린 말이 아니다. 그 안에 수많은 앱이 존재하고, 앱을 구매하고 개발하는 수많은 사람들이 존재하기에 가치가 있는 것이다.

앞에서도 말했지만 사실 기계 자체만 놓고 본다면 아이패드는 아무것도 아니다. 아이패드의 등장 이후 곧바로 국내에서 수많은 태블릿PC들이 등장한 것만 봐도 알 수 있다. 복제와 모방은 너무나 쉽다. 하지만 아이패드의 가치는 단순한 모방으로 극복될 수 있는 게 아니다. 아이패드는 그 자체가 처음부터 미완성이었으며 앞으로도 그럴 것이다. 마치 살아 숨 쉬는 생명체와 같이 끊임없이 진화하고 거듭나는 것, 그것이 아이패드다. 하루가 다르게 바뀌고 아침과 저녁이 다르다. 상상을 초월할 정도의 많은 콘텐츠가 거래되고 또 만들어진다는 사실이 아이패드를 숨 쉬게 한다. 전 세계인이 동시다발적으로 아이패드에 앱을 올리고 구매한다. 더 무서운 것은 그것이 잡스의 말대로 이제 '시작에 불과하다'는 점이다.

삼성을 비롯한 국내 유수의 IT 기업들은 아이패드의 열풍을 잠재우려 저마다 심혈을 기울여 태블릿PC를 개발했다. 갤럭시탭, 옵티머스패드, 태빗 등 다양한 제품들이 선보였다. 하지만 전문가들은 당분간 아이패드의 독주 시대가 계속될 것임을 예고한다. 그 이유는 무엇일까? 애플은 이미 아이패드를 통해 막강한 마니아층과 바잉파워(buying power)를 활용해 후발 주자들의 추월을 허용하지 않고 있다. 이유는 단순 명확하다. 바로 콘텐츠인 것이다.

태블릿PC는 누구나 복제 혹은 모방이 가능하다. 기능을 더욱 다양화할 수도 있고, 디자인을 세련되게 꾸밀 수도 있다. 하지만 콘텐츠와 유저를 모방할 수 있을까? 아이패드에 열광한 1억명의 유저, 아이패드에 선보인 수십만 개의 콘텐츠들을 일시에 빼앗아 올 수 있을까? 유저들의 신뢰도, 콘텐츠의 신뢰도는 함부로 이동시킬 수 없는 아이패드만의 힘이다. 바로 그래서 수많은 국산 태블릿PC들이 아이패드와의 정면 승부를 주저하는 것이다.

자, 그렇다면 당신은 어떠한가? 당신을 사용하는 유저는 현재 몇 명인가? 유저들이 당신에게 들어오고 싶어 하는 콘텐츠를 확보하고 있는가? 혹은 개발하고 있는가? 내가 하는 사업, 내가 제공하는 서비스, (만약 당신이 학생이라면) 내가 공부하는 스타일, (만약 당신이 직장인이라면) 내가 업무를 처리하는 스타일까지 모든 것을 아이패드적 관점으로 생각해보라.

나는 아이패드와 스티브 잡스에 대한 연구를 통해 내 인생, 김미경이란 사람의 속성, 내가 하고 있는 아트 스피치 사업 등 모든 것에 아이패드적 기준을 적용했다. 그 결과 내 머리는 터질 것만 같았다. 아이패드와 그것의 특성을 알아갈수록 스티브 잡스란 인물을 보면 볼수록 무한한 가능성과 엄청난 폭발력이 너무도 부러웠기 때문이다.

두드려라,
더욱 강해질 것이다!

아이패드가 가진 또 다른 특성, 그것은 바로 쓰면 쓸수록 강해진다는 점이다. 아이패드는 꿈틀거리는 생명체와도 같다. 최근 우리 회사의 직원 하나가 무척 재미있는 앱이 생겼다고 소개해주었다.

"유명인 트위터라는 앱 아세요? 가수, 정치인, 배우 등 유명인들의 트위터를 모아둔 곳인데, 너무 재미있어요."

나는 직원의 말에 그 앱을 직접 찾아가 봤다. 거기엔 다음과 같은 안내말이 있었다.

"저희가 미처 유명인을 몰랐을 수도 있습니다. 그러니 유명인이라고 생각되는 분들은 등록을 해주시면 2주 동안의 심사를 거쳐 유명인 트위터에 올리도록 하겠습니다."

그런데 자세히 살펴보니 내가 없는 것이다. 살짝(?) 자존심이 상했지만 결국 나중에 내 이름도 올릴 수 있었다. 그런데 나만 이런 방식으로 유명인 트위터에 등록된 게 아니었다. 많은 이들이 이처럼 유명인 트위터를 사용해서 앱 자체를 더욱 강력하게 만들고 있었던 것이다. 바로 이것이 아이패드의 강점 중 하나다. 유명인 트위터에 내 이름이 올라가자 팔로워가 부쩍 늘어났다.

이러한 방식으로 고객들의 아이디어를 얻어 결점을 보완해 나가는 앱이 무수히 많다. 먼저 개방하지 않으면 강력해질 수 없다. 내가 나를 알리지 않으면 아무도 나를 알지 못하고 나의 콘텐츠, 나의 0.99달러를 구매하지 않는다. 고객들이 열정적으로 참여하도록 유도하는 앱, 그런 과정을 통해 더욱 강력해지는 앱이 성공하는 것이다. 그리고 이는 아이패드의 세계를 더욱 무궁무진하게 만들어준다.

과거에는 어떤 제품을 구입하면 사용 도중 고장이 나 A/S를 신청하기 전까진 그 어떠한 추가 서비스도 없었다. 하지만 앱은 정기적인 업그레이드가 가능하다. 유패드를 구입한 후 정기적인 기능 개선 서비스를 받으라는 메시지가 왔다. 일단 업그레이드를 했지만 무엇이 개선됐는지 알 수 없었다. 그러던 중 크리스마스가 되자 산타클로스 할아버지가 눈을 맞으며 웃고 있는 디자인의 편지지가 추가됐음을 알 수 있었다. 마치 선물을 받은 것처럼 기분이 좋았다.

이처럼 앱은 계속 진화하고 있다. 업데이트가 반복되고, 사용하면 사용할수록 유저가 많으면 많을수록 더욱 강력해진다. 과거에는 정보를 선점한 자가 그것을 통제하고 폐쇄적으로 관리하면 돈을 벌 수 있었다. 하지만 지금은 시대가 변했다. 누가 먼저 개방하느냐가 관건이다. 더 이상 옛 스타일을 고수했다간 실패에서 벗어나지 못한다.

사실 매일 등록되는 앱의 수는 헤아릴 수조차 없다. 전 세계에서 앱들이 개발되고 등록된다. 하지만 일주일 내 상위권에 링크되지 못하면 그 앱은 흔적도 없이 사라진다. 아이패드 세상엔 TV 광고도 대규모 마케팅도 없기 때문이다. 설사 마케팅이 가능하다 하더라도 판매와는 그다지 큰 관련이 없다. 오직 수많은 대중들의 판단만으로 앱의 승패가 좌우된다. 자신을 개방해 타인에게 검색되지 않는다면 콘텐츠는 성공할 수 없다.

『구글 노믹스』의 저자 제프 자비스는 새로운 스마트 시대에 지켜야 할 필수 규칙 중 가장 중요한 덕목을 다음처럼 말한다.

"사람들에게 통제권을 넘겨라. 그러면 우리가 사용하겠다. 그러지 않으면 우리를 잃게 될 것이다."

새로운 스마트 시대에선 고객에게 통제권을 양보하는 기업만이 성장할 수 있다. 사진 서비스 사이트 플리커(Flicker), SNS의 혁명을 가져온 페이스북(Facebook), 집단 지성의 집합체 위키피디아(Wikipedia) 그리고 이 시대 최고의 혁신 집단으로 불리는 구글(Google)까지 모두 이 법칙에 충실해 성공을 거뒀다.

물론 이 점을 누구보다 명확히 파악하고 거대한 플랫폼으로서의 아이패드 세상을 연 이가 바로 스티브 잡스다.

꿈과 상상력을
무한히 담아내는 기회상자

사실 아이패드가 만들어낸 이 엄청난 세상이 도대체 얼마나 더 커질지는 스티브 잡스도 예측하기 어렵다. 전 세계인을 담아낼 수 있는 그릇이 아이패드이기 때문이다. 말 그대로 아이패드는 무한대의 그릇이다. 누구든지 환영이고 누구든지 도전할 수 있다. 단순히 즐기기만 해도 상관없다.

기타로 캐논 연주를 해 전 세계를 감동시킨 유튜브 스타 임정현을 보라. 그는 놀라운 기타 실력을 인정받아 「뉴욕타임스」에 소개되는 등 일약 글로벌 스타 반열에 올랐다. 그가 유튜브에 올린 동영상은 지금까지 4000만 회의 누적 조회수를 기록하며 유튜브 '5대 영상'에 들어갈 정도로 전설이 되었다. 한 개인의 열정과 노력이 웹을 통해 전 세계를 감동시킨 대표적인 사례다.

이 밖에도 160개국에서 20만 명에 이르는 외국인이 시청하는 한국어 교육 사이트 '토크 투 미 인 코리언(Talk To Me In Korean)'의 선현우 대표, 전설의 기타리스트 다임백 대럴의 재림이라 불리는 유튜브 기타 스타 정명훈, 한국 문화를 소개하는 채널인 '잇 유어 김치(Eat Your Kimchi)'의 사이먼, 마티나 부부까지 많은 이들이 웹을 통해 깜짝 스타로 등극했다.

이처럼 전 세계인이 동시에 아이패드를 즐기면서 각자의 꿈과 상상력을 마음껏 펼칠 수 있다. 이젠 더 이상 방송국을 찾지 않아도 된다. 모든 개인이 제작자이자 감독이 될 수 있다. 스스로 원한다면 하지 못할 게 없다. 물론 아이패드가 등장하기 전부터 이러한 웹 시대가 열린 것은 사실이지만, 아이패드의 등장으로 앱을 통한 새로운 무대가 만들어진 후 무한대로 확장되었다.

다시 한 번 살펴보자. 아이패드는 완제품이 아닌 미완의 생명체로서 쓰면 쓸수록 강력해지는, 그리고 전 세계인의 꿈과 상상력을 무한대로 담아낼 수 있는 기회상자다.

이는 그대로 우리 자신에게 적용할 수 있다. 우리는 여전히 완성되지 않아 더 발전할 수 있고 또한 누군가 나를 클릭할수록 더욱 강력해지며, 무한한 꿈과 상상력을 담을 수 있는 사람이 되어야 한다. 이것이 바로 아이패드의 특성을 통해 우리가 배워야 할 중요한 법칙이다.

그렇다면 다시 한 번 궁금해질 수밖에 없다. 스티브 잡스는 아날로그에서 디지털로 진화해가는 길목에서 디지털이 가진 장점만을 뽑아내 누구도 상상하지 못할 새로운 도구와 즐거움을 주고 상상력을 자극하는 꿈의 무대를 창조했다. 전 세계인이 함께 어울려 즐길 수 있는 놀이터를 만들어낸 것이다.

도대체 그는 어떤 사람이기에 이와 같은 엄청난 아이디어를 현실로 옮길 수 있었을까. 그의 뇌 구조는 우리와 어떻게 다를까. 나는 아이패드적 사고를 갖기 위해 결국 스티브 잡스라는 인물을 더 깊게 연구할 수밖에 없었다. 그를 알고 나면 해답이 보일 것이기 때문이다.

02

실용적 몽상가
스티브 잡스

나는 잡스를 '실용적 몽상가'라고 표현하고 싶다. 실용은 전문적인 IT 기술로 온몸을 무장한 것을 말하고, 몽상가는 남들을 뛰어넘는 상상력과 창의성을 가진 사람을 말한다.

시대를 앞서 가는
최고의 크리에이터

영국 일간지 「파이낸셜타임스」는 스티브 잡스를 '2010년의 인물'로 선정하며 다음과 같이 평가한 바 있다.

"그가 아이패드를 공개하던 순간은 현대 기업 역사에서 가장 주목할 만했다."

IT 업계의 메시아처럼 군림하고 있는 스티브 잡스. 아이폰과 맥북에어 마니아에게 있어 그는 종교에 가깝다. 따라올 수 없는 마케팅 기법과 프레젠테이션 능력으로 소비자를 매료시키는 그는 단순함을 극대화시킨 아이패드로 '미니멀리즘의 극치'라는 평가를 받기도 했다.

1977년 스티브 잡스는 애플2를 탄생시켰다. 조립 키트가 아닌 완성품으로 양산된 개인용 컴퓨터 애플2가 나오자 모든 이들이 열광했다. 매킨토시 역시 일반인들이 사용할 수 있는 컴퓨터를 목표로 만들어진 작품이었다. 이를 통해 미국 전역에 스티브 잡스와 애플의 이름을 알렸다. 매킨토시는 오히려 시대를 너무 앞선 기술을 담고 있었기에 예정보다 2년이나 늦게 완성된 작품이기도 하다.

스티브 잡스는 세계 최고의 완벽주의자다. 세상에 없었던 참신한 제품을 탄생시켜 새로운 시장을 만들어내는 것이 잡스의 경영 스타일이다. 매킨토시는 보통 사람들이 컴퓨터를 사용하는 새로운 시대를 열었고 전문 기술을 가진 오퍼레이터만이 다룰 수 있었던 대형 컴퓨터 시대를 종결시켰다.

그의 완벽주의와 창조성은 2000년대 들어 아이팟과 아이폰, 아이패드에서도 진가를 발휘했다. 최대한 단순하면서도 멋진 디자인과 뛰어난 사용 편의성으로 아이팟은 발매 직후 2억 대가 넘는 판매고를 올리며 새로운 신화를 창조했다.

물론 잡스의 완벽주의는 실패했을 때 큰 상처가 남는다는 약점도 지니고 있다. 애플에서 추방된 이후 1985년 설립한 '넥스트'에서 심혈을 기울여 개발한 최고급 컴퓨터 '넥스트큐브'는 너무 비싼 가격 탓에 전혀 팔리지 않아 대실패로 끝이 나기도 했다.

하지만 잡스는 끊임없이 도전하고 창조하는 크리에이터였다. 그는 실패 앞에서 주눅 들거나 포기하는 인물이 아니었다. 1986년 설립한 픽사(Pixar)를 통해 애니메이션의 세계에 뛰어든 잡스는 「토이 스토리」라는 대작을 만들어냈고, 이 작품은 공전의 히트를 쳤다. 픽사는 영화 개봉 일주일 만에 주식 상장에 성공하는 기염을 토했고 14년간 9편의 영화로 3억 달러 이상의 수익, 전체 흥행 수익 50억 달러라는 대기록을 세웠다. 컴퓨터 기술을 이용해 애니메이션 영화를 제작하는 미지의 영역에 과감히 뛰어들어 대박을 터뜨린 것이다.

이후 애플로 복귀해 다시 CEO가 된 잡스는 망해가던 애플을 살려 세계 최고의 기업으로 다시 창조해냈다. 이것이 그가 경영의 신으로 불리는 이유다. 국내 언론은 그를 '21세기 통신의 신기원을 열었다고 평가되는 아이폰을 만들어낸 창조의 신, IBM, 마이크로소프트, 모토롤라, 에릭슨 등 시장을 지배했던 골리앗 기업을 차례차례 꺾어버린 전쟁의 신'으로 표현하기도 했다.

잡스와 함께 지난 20년 동안 애플의 신화를 만들어온 제이엘리엇 전 애플 부사장은 최근 저서 『아이리더십』을 통해 잡스가 만든 애플의 기본 원칙을 소개했다.

1. 밤새 줄 서서 사고 싶은 완벽한 제품

2. 거기에 미친 인재 선발

3. 소프트웨어와 하드웨어의 통합

4. 모든 소비자가 열광하는 브랜드 만들기

애플로 돌아온 잡스는 모든 사람들이 매일 쓰면서 자기 삶을 바꿀 수 있는 새로운 기술을 끊임없이 추구했다. 또한 그러한 제품을 만들라고 직원들에게 24시간 내내 주문했다. 그것이 바로 아이맥이었고 아이팟이었으며 아이폰, 아이패드였던 것이다. 잡스가 창조해낸 것들은 하나같이 기존 제품을 개선한 제품이 아니라 모두 기존에 없던 제품이었다. 제이 엘리엇은 이러한 아이리더십을 확고히 만들어두었기 때문에, 잡스가 사망한 이후에도 애플은 흔들리지 않을 것이라 말한다.

창조적 발상은
어디에서 비롯되는가

나는 잡스를 '실용적 몽상가'라고 표현하고 싶다. 실용은 전문적인 IT 기술로 온몸을 무장한 것을 말하고, 몽상가는 남들을 뛰어넘는 상상력과 창의성을 가진 사람을 말한다. 이러한 실용과 몽상이 만나 창조된 것이 바로 아이패드다. 가장 실용적으로 전 세계인의 꿈을 무한히 담을 수 있기 때문이다.

사실 실용이라는 측면에서 보자면 그것을 겸비한 이들은 헤아릴 수 없을 정도로 많다. 우리 교육 체계에서 만들어내는 인재들이 대부분 실용을 갖춘 이들 아닌가. 요즘의 대학은 오직 실용적 인재 만들기에만 급급하다.

하지만 정작 사람들이 상상할 수 없는 꿈을 꾸고, 그것을 창조적인 제품으로 만들어내는 몽상가는 찾아 보기 힘들다. 왜 그럴까? 왜 우리는 스티브 잡스와 같은 인물을 배출해내지 못하는 것일까.

그 이유는 언젠가부터 우리 교육의 흐름이나 지식들이 모두 실용 위주로 돌아가기 시작했다는 사실과 무관하지 않다. 상상력을 자극하고 꿈꾸기 위한 기초 토양을 쌓는 교육을 외면해 온 것이다. 지금 우리에게 절실한 것은 바로 몽상 능력이다. 스티브 잡스는 바로 이러한 실용과 몽상 능력을 동시에 가졌기에 지금과 같은 신화를 창조할 수 있었다.

잡스가 직원을 채용하는 방식은 유명하다. 그는 IT 분야에서 뛰어난 지식과 경력을 가진 사람들을 원하지 않는다.

"우리는 고객의 머리를 뛰어넘을, 그런 상상을 할 수 있는 인재가 필요하다."

"IT 기술이 당신보다 더 뛰어난 사람은 단 1초 만에 구할 수 있다."

"고객에게 묻지 말고 당신의 머리로 상상하고 생각하라."

대개 기업들은 고객에게 먼저 물어보고 고객이 원하는 것을 만들어야 한다고 생각한다. 하지만 잡스는 정반대다. 고객에게 묻는 행위 자체가 이미 늦었다는 것이다. 고객이 원하는 것을 개발해 선보였을 때 이미 고객은 다른 것을 원한다는 논리다. 고객의 머리 꼭대기에 앉아 고객이 미처 상상하지도 못한 것을 창조해낼 수 있어야 성공한다. 이것이 바로 잡스의 철학이다. 때문에 잡스는 단순히 IT 기술이 뛰어난 사람들을 필요로 하지 않았다. 고객들이 상상조차 할 수 없었던 제품을 먼저 상상하고 그 이상을 상상할 수 있는 사람. 바로 그런 이들이 잡스가 원했던 인재다.

그렇다면 이러한 상상을 할 수 있으려면 무엇이 필요할까? 창조적 발상은 도대체 어디에서 나올까? 잡스는 IT를 연구하는 시간을 제외한 나머지 모든 시간을 '몽상'하는 데 보낸다고 말한 바 있다.

그렇다면 그의 몽상은 어디에서 비롯됐을까? 바로 책이다. 그것도 인문학 서적이다. 인문학은 무엇인가? 바로 인간을 연구하는 학문이다. 인간이 살아가는 모든 기초적인 토양을 연구하는 것이다. 수학, 과학, 물리학, 역사, 지구과학, 생물 등 우리가 학창 시절에 배웠던 그 모든 것이 바로 인문학이다. 잡스는 평생토록 이러한 인문학적 토양을 쌓아온 몽상가였다. 그는 직원을 채용할 때 반드시 몇 권의 인문학 책을 읽었는지를 질문한다. 그리고 무엇을 느꼈는지 묻는다.

"인문학과 IT가 결합되지 않으면 우리는 상상할 수 있는 인간이 될 수 없다. 당신은 창조할 수 없다."

스티브 잡스는 모교인 리드칼리지에 거액을 기부하며 "리드칼리지 시절에 접한, 플라톤과 호머로 시작해 카프카에 이르는 인문고전 독서 프로그램이 애플 컴퓨터를 만든 결정적 힘이었다"고 고백한 바 있다. 이어 잡스는 "나는 동양 인문고전에 푹 빠져 있었다. 그 시절 서예 강좌도 들었는데, 그때 배운 감각이 매킨토시와 아이팟 디자인 감각의 원천이 되었다"고 연설했다. 그가 인문학을 얼마나 중요하게 생각하는지는 다음의 말에 그대로 드러난다.

"만일 소크라테스와 점심 식사를 할 수 있다면 우리 회사가 가진 모든 기술을 그와 바꾸겠다."

그럼 이쯤에서 의문이 들 것이다. 우리 역시 모두 학교에서 인문학을 배웠는데, 왜 잡스처럼 몽상하는 힘을 갖추지 못한 것일까? 과학, 음악, 미술, 철학, 수학 이 모든 것이 중고등학교의 교과 과목이었는데, 왜 우리는 인문학적 소양이 여전히 부족할까?

이유는 단순하다. 우리는 '상상력을 위한' 교육을 받지 않았기 때문이다. 다만 4개 혹은 5개의 보기 중 하나의 정답을 '찍는' 기술만을 배웠다. 함무라비 법전이 몇 세기에 만들어졌는지는 알아도 정작 법전이 가진 철학적 의미는 기억하지 못한다. 조선왕조 역대 임금들의 이름은 줄줄 외워도 조선을 관통하는 역사적 의미, 철학적 성찰은 미처 하지 못한 것이다.

사실 모든 학문은 인문학에서 비롯됐다고 해도 과언이 아니다. 법학 역시 인문학이다. 수학도 마찬가지다. 인간을 둘러싼 모든 의문과 고뇌를 풀어나가는 과정, 그것이 인문학인 것이다. 이러한 삶의 기본이 되는 인문학을 깊이 있게 공부하는 가운데 IT 분야에서도 획기적인 창조적 발상이 나올 수 있다는 게 잡스의 철학이다.

여기 극과 극의 성격을 가졌던 한국 현대사의 두 거인이 있다. 마치 물과 불처럼 너무도 달랐던 이들은 바로 삼성그룹의 창업자 이병철과 현대그룹의 창업자 정주영이다. 하지만 이들을 관통하는 공통점이 있다. 무엇이었을까? 『리딩으로 리드하라』의 저자 이지성은 그것을 다음과 같이 설명한다.

1. 인문고전 독서교육을 받았다.
2. 평생 인문고전을 애독했다.
3. 세계적인 기업의 창업자가 되었다.

이지성은 이병철의 '인재경영'이 『논어』에서 나왔고, 정주영의 '의지경영'이 『채근담』과 『대학』을 비롯한 여러 고전에서 나왔다고 말한다. 결국 세상을 변화시키는 리더들에겐 깊이 있는 인문학적 토양이 갖춰져 있었다는 것이다.

우리가 아는 유명한 실용적 몽상가들에는 또 누가 있을까? 초등학교 시절부터 "너는 너무도 형편없는 놈이라 커서 무엇도 제대로 해내지 못할 거다"라는 말을 들으면서 자라 대학 졸업 후에도 생계를 위해 변변치 못한 일자리를 전전해야 했던 청년. 하지만 결국 인류의 역사를 바꾸어버린 사람. 바로 아인

슈타인이 있다.

또 있다. 서른여섯의 나이로 라틴어를 독학하기 시작해 이후 문학, 철학, 역사고전을 탐독하며 자신의 재능을 새롭게 발견한 사람. 회화, 조각, 공기역학, 광학, 해부학, 식물학, 건축학, 지리학, 물리학 등 다양한 분야에서 천재적인 업적을 남긴 사람. 바로 레오나르도 다 빈치다.

이처럼 모든 창조적인 업적을 남긴 이들은 인문고전에 깊이 빠져들어 자신의 새로운 상상력을 만들어나갔다. 여기에서 우리는 스스로에게 또다시 질문을 던져야 한다.

'과연 내 안의 상상력은 어느 정도일까?'

'내가 하고 있는 일에 실용적 몽상을 접목시킨다면 나는 무엇을 창조해낼 수 있을까?'

'나는 실용적 몽상가가 되기 위해 어떤 노력을 해왔는가?'

인문학적인 토양이 뒷받침되어야만 실용적인 창조물이 만들어질 수 있다. 모든 인문학적 요소와 철학이 새로운 정보와 만났을 때 그 융합의 과정에서 변주가 일어나 누구도 상상할 수 없는 새로운 제품이 탄생되는 것이다. 아이패드는 스티브 잡스의 인문학적 토양이 IT라는 새로운 분야와 융합되어 만들어진 작품이다. 극히 단순하면서도 깊이 있는 결과물이 탄생한 것이다. 아인슈타인의 상대성이론 역시 단순히 물리학, 수학의 차원이 아니다. 그가 어렸을 때부터 쌓아온 인문학적 토양이 실용과 만나 이루어낸 업적이다. 앞서 예로 든 이병철, 정주영 회장처럼 이러한 사례는 무수히 많다. 경영학자, 정치인, 군인 등 모든 다양한 분야에서 일가를 이룬 사람들은 입을 모아 고전의 중요성을 강조한다. 비단 스티브 잡스만의 주장이 아닌 것이다. 창조적 발상은 깊이 있는 인문학의 토양 위에서 비로소 탄생된다.

인문학적 토양이
당신의 뇌를 바꾼다

스티브 잡스가 원했던 뇌 구조는 무엇이었을까? 바로 '우산형' 구조다. 아래에는 기본적으로 인문학적 토양이 깔려 있다. 어린 시절부터 쌓여온 이 토양은 끊임없는 독서와 사색을 통해 새로운 양분을 공급받는다. 우산대가 깊을수록 더 깊은 지혜와 만난다. 우산대를 타고 올라오다 보면 사방팔방으로 뻗어나가는 우산살과 만난다. 인문학적 통찰이 다양한 정보와 만나는 것이다.

그로 인해 우산의 표면에 다양한 색깔이 입혀지기 시작한다. 즉, 그 사람에 맞는 변주가 일어난다. 그것이 하나로 합쳐지는 곳이 바로 우산의 꼭대기다. 바로 여기에서 창조적인 결과물이 터져 나온다. 가장 단순하면서도 가장 창조적인 제품. 아이패드는 스티브 잡스의 인문학적 토양이 IT와 만나 만들어진 작품이다. 잡스는 전형적인 우산형 뇌 구조의 소유자였다.

아이패드는 정말 심플하다. 거추장스러운 군더더기가 없다. 그렇게 심플하기에 많은 것을 담을 수 있다. 원래 사람이든 물건이든 복잡하면 많이 담을 수 없는 법이다. 사람도 단순해 보이는 이가 오히려 여러 사람들과 친하지 않은가. 단순한 사람이 많은 사람들을 포용할 수 있다. 많은 사람들을 포용할 수 있을 정도로 배려가 깊고 원칙이 있는 사람이 결국 성공한다는 것은 우리 주위를 보면 충분히 알 수 있다. 기계도 마찬가지다. 심플한 기계가 더 많은 것을 담을 수 있고 더 많은 것들을 가능하게 해준다.

세상을 살다 보면 진정한 고수는 오히려 복잡하지 않고 단순하다는 사실을 느낄 때가 많다. 최근 만났던 프로 골퍼 최경주 선수가 그랬다. 그는 자타가 공인하는 세계적인 골퍼다. 나는 그에게 이렇게 물었다.

"어떻게 하면 당신처럼 전 세계적인 골프 선수가 될 수 있습니까?"

돌아온 답은 너무도 평범했다.

"오늘 공을 1000개 치자고 마음먹었으면 1000개를 치면 됩니다."

무슨 소리인지 다시 묻지 않을 수 없었다.

"오늘 천 번 연습하자고 마음먹는 순간 1000개를 치면 성공합니다. 하지만 오늘 999개만 치고 내일 1001개를 치면 되겠지 하고 생각하는 순간 성공과 멀어지게 됩니다."

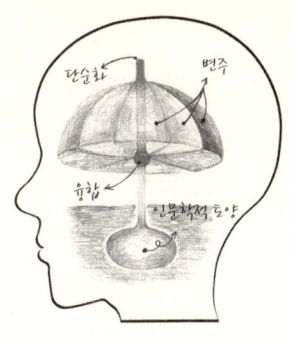

우산형 뇌구조

그에게 다시 물었다.

"타이거 우즈를 어떻게 생각하세요?"

"멋있는 선수죠."

"타이거 우즈가 당신보다 더 뛰어난 선수가 맞죠?"

"맞습니다."

"왜 그럴까요?"

"저보다 연습을 더 많이 하니까요."

이처럼 진정한 고수는 심플하다. 변명이 없다. 하지만 이런 심플함이 그냥 나오는 것은 물론 아니다. 아이패드를 비롯한 스티브 잡스의 창조물들이 '미니멀리즘의 극치'라는 찬사를 받을 정도로 심플하면서도 놀라운 기능들을 가지게 된 것은 오랫동안 쌓여온 인문학적 토양이 궁극의 단순함으로 승화되었기에 가능했다. 그의 우산형 뇌 구조가 끊임없이 작동하며 순환과정을 통해 폭발했기에 훌륭한 창조가 가능했다는 소리다.

우리는 바로 이러한 우산형 뇌 구조를 가질 수 있도록 자신을 바꿔야 한다. 인문학적 토양을 충분히 쌓을 수 있도록 줄기차게 노력해야 한다. 자신은 이미 늦었다고 생각하는 사람들이 있을지도 모르겠다. 하지만 절대 그렇지 않다. 나는 나이 60이 넘었다고 해도 결코 늦지 않았다고 생각한다. 무거운 물건을 들어 올리는 일은 나이를 먹을수록 힘들지만 생각의 힘을 기르는 것은 죽는 순간까지 할 수 있다.

생각의 힘을 기르는 데는 늦은 나이가 없다. 다시 돌아가야 한다. 그리고 이번에는 제대로 공부해야 한다. 역사, 문학, 과학, 수학 등 다양한 분야의 책을 읽어야 한다. 그러면서 끊임없이 우리 뇌를 자극해야 한다. 충분히 축적된 인문학적 토양과 세상의 정보가 만나 만들어진 작품은 얄팍하게 만들어진 작품과 다를 수밖에 없다. 안타깝게도 우리의 교육은 이 일을 제대로 못 해내고 있지만, 우리 스스로라도 제대로 공부하는 습관을 들여야 한다.

우리는 IT 세상에서 오직 IT만 잘 알면 될 것이라는 착각을 한다. 하지만 이는 틀린 생각이다. IT만 안다면 얄팍한 작품밖에 만들 수 없다. IT가 전달하는 정보는 대개 단편적이고 분산되어 있다. 쓸 만하다고 생각되는 정보를 1000개 가지고 있어 봤자 무슨 소용인가. 정작 그것을 융합할 수 있는 능력이 없다면 아무런 소용이 없다. 또한 그 정보들의 대부분은 타인들 역시 충분히 얻을 수 있는 것이다. 모든 새로움은 오로지 인간에 대한 이해와 철학에서 창조될 수 있다.

'장타'에서
'불륜'으로?

그렇다면 현대를 살아가는 일반인의 뇌 구조는 어떨까? 솔직히 한탄스러울 정도다. 우리는 어느 사이에 스스로 생각하는 법을 잊어버렸다. 오로지 손과 눈으로만 정보를 습득하는 습관을 들였기 때문이다. 검색을 기반으로 한 IT 세상은 우리에게 생각할 틈을 주지 않는다. 이제 우리는 무엇인가 지식을 얻기 위해 굳이 책을 뒤적거리거나 직접 정보를 찾으러 움직이지 않는다. 웹 세상에서 쉽게 얻을 수 있기 때문이다. 하지만 그것이 정말 나의 지식이고 나의 생각이 될 수 있을까? 지금 우리의 뇌 구조는 복잡한 그물망처럼 뒤엉켜 있다.

우리가 지금 지식을 얻는 방법을 살펴보자. 예를 들어 골프에서 장타를 치고 싶다고 하자. 가장 손쉬운 방법은 검색창에 '골프 장타'라고 입력하는 것이다. 무수히 많은 글들이 모니터

화면을 채운다. 대충 클릭해가며 보다가 '짧은 치마를 입으면 장타가 나온다'는 제목이 보인다. 짧은 치마를 입은 연예인들이 나오는데 클릭하지 않을 수 있나. 마우스를 잽싸게 누른다. 그러다 어떤 연예인이 해외에서 도박으로 빚을 지고 어떻게 됐다는 등 여러 기사들이 나를 혼란스럽게 한다. 이리저리 클릭해가며 끌려다니다가 결국 어떤 연예인의 불륜 기사를 보는 것으로 끝을 맺는다.

분명 골프 장타로 시작했는데 끝은 불륜이다? 무언가 이상하다.

"내가 뭘 찾으려고 했지? 아, 골프!"

다시 골프로 돌아온다. 이미 한 시간이나 시간을 보낸 후다. 그런데 누군가 내 트위터에 RT를 달아줬다는 알림창이 뜬다. 아, 얼마나 고마운 일인가. 들어가서 인사를 해줘야지. 그런데 또 페이스북에서 친구 수락 요청이 들어온다. 누군지 확인하고 요청을 수락한다. 그때 또 누군가로부터 문자가 도착한다. 확인 후 답장을 보내줘야 한다. 이러는 사이 서너 시간이 훌쩍 지나간다.

자, 우리는 무엇을 얻었을까? 우리의 뇌는 민첩하게 움직였나? 그렇지 않다. 다만 눈과 손만 이리저리 끌려다녔을 뿐이다. 이러한 상황에서 어떻게 인문학적 토양이 쌓일 수 있을까. 어떻게 인생을 논하고 지혜를 추구하고 직관을 말할 수 있을까.

스티브 잡스도 우려했던 것처럼 IT의 발달이 역설적으로 현대인들의 뇌를 손상시킨 측면이 있다. 웹 세상이 사람들 스스로 고민하고 생각할 시간을 빼앗아버렸다는 것이다. 그런 면에서 『생각하지 않는 사람들』의 저자 니콜라스 카의 경고는 새겨들을 만하다. 그는 IT가 현대인들의 뇌를 망가뜨렸다고 말한다.

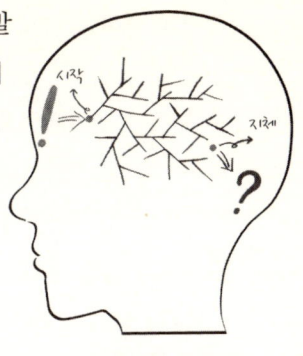

거미줄형 뇌구조

과거의 사람들은 모두 '생각할 줄 아는' 이들이었다. 하지만 사람들은 이제 더 이상 생각하지 않는다. 아니, 그럴 시간이 없다. 스스로 고민하고 생각할 시간에 인터넷 검색창에서 지식을 '서치'하는 게 더욱 빠르기 때문이다. 생각을 할 때 더 이상 뇌를 사용하지 않고 오로지 손과 눈만 사용하게 된 것이다.

또한 니콜라스 카는 많은 사람들이 '지식의 조각들'이 자신에게 들어왔을 때 이를 지식이 '풍부해졌다'고 착각한다는 사실을 지적한다. 하지만 그것은 결코 풍부해진 게 아니다. 인터넷이 우리에게 전해주는 잡다한 모든 지식들이 과연 나만 알고 있는 것인가? 블로그, 트위터, 휴대폰으로 쉴 새 없이 오고 가는 모든 것들이 과연 깊이 있는 지식일까? 결코 그렇지 않다. 내가 웹을 통해 알 수 있는 모든 지식은 이미 다른 이들도 아는 것에 지나지 않는다. 나 혼자 가지고 있는 지식은 단 하나도 없는 것이다. 결국 이는 무엇을 의미하는가? 생각으로 만들어낸 지식이 아닌 검색으로 만들어낸 지식은 그 자체로 지식이 아니라는 것이다.

이처럼 인터넷이, IT 세상이 점점 우리의 사고방식을 얕고 가볍게 만들고 있다. 오직 나만이 알 수 있는 지식과 진리는 오랜 시간 동안 인문학적 토양을 쌓은 가운데 깊은 생각을 통해 깨달음으로 다가온다. 남들이 모두 다 아는 것은 더 이상 소용이 없다.

지금 이 시대에 과연 조용하고 집중적이면서도 산만하지 않은 선형적 사고가 가능할까? 하버드대학교에 입학하는 수재들도 인문고전 한 권을 온전히 읽기 어려워하는 시대가 됐다. 고전은 검색이 아닌 생각의 힘이 있어야 읽을 수 있기 때문이다. 스스로 깨닫고 스스로 상상할 수 있어야 한다.

그러나 이제는 생각의 힘은 고사하고 머릿속의 저장 기능까지 퇴화하기 시작했다. 당신은 과연 몇 개의 전화번호를 기억하는가? 휴대폰을 잃어버렸다면 과연 몇 개의 전화번호를 기억해낼 수 있는가? 왜 우리는 휴대폰을 잃어버리면 공황 상태에 빠질까? 어느새 우리의 뇌가 IT로 인해 심각한 상황에 빠져버린 것은 아닐까?

노래방이 널리 퍼진 이후 노래 한 곡의 가사를 전부 외우는 사람이 사라지고 있다. 지인들의 전화번호를 외우는 일도 쉽지 않다. 스마트 기기가 우리의 두뇌를 대신하기 시작한 뒤로 기억력 감퇴는 급속도로 진행 중이다. 예전 같으면 일일이 외우거나 메모를 했겠지만 이제는 몇 번의 검색이 이를 대신한다.

EBS 「다큐 프라임」 '기억력의 비밀' 제작팀은 머리는 쓰면 쓸수록 좋아진다는 단순한 명제에 기억력 문제를 대입시켰다. 그리고 인간 기억의 용량을 생활 습관과 훈련에 의해 얼마든지 늘릴 수 있음을 밝혀냈다. 이는 자신의 체력이나 근력에 맞게 적당한 종목을 골라 규칙적으로 훈련하면 다시 근육이 붙고 근력이 좋아지면서 운동 능력이 향상되는 것과 같은 이치다.

예를 들어보자. 매년 미국에서는 기억력 대회가 열린다. 종목은 카드 순서 외우기, 숫자 외우기, 얼굴과 이름 외우기 등 다방면의 기억력을 측정하는 방식들로 구성되어 있다. 2009년 미국 기억력 대회의 챔피언은 서른일곱 살의 로니 화이트였다. 텍사스 주의 작은 도시에 살고 있는 그는 군인이면서 기억력 향상 전문 강사이기도 하다. 평범한 그가 이 대회에서 우승할 수 있었던 비결은 무엇일까? 그것은 세 가지로 설명할 수 있다.

"규칙적으로 카드 암기와 숫자 암기를 연습했다."

"일부러 방해받는 환경을 만들어놓고 외우기 훈련을 했다."

"잠자리에 들기 전에 반드시 일기를 썼다."

로니 화이트의 예가 보여주듯이 인간의 기억력은 훈련으로 얼마든지 향상시킬 수 있다. 문제는 우리가 더 이상 이런 노력을 하지 않는다는 데 있다.

미국 캘리포니아대학교의 심리학자인 마크 로젠스위그 박사는 뇌의 저장 능력에 관한 연구를 하다 1974년 놀라운 결과를 발표했다. 정상적인 인간이라면 매초 10개의 새로운 정보가 평생 동안 입력된다고 해도 뇌 전체 용량의 2분의 1도 채워지지 않는다는 것이다. 우리가 기억, 암기하지 못하는 것은 뇌 용량의 차이 때문이 아니라 정보를 입력하고 정리하는 기술에 문제가 있어서인 경우가 많다는 것이다. 우리의 뇌는 지금도 충분히 훌륭하다. 다만 그것을 제대로 활용하지 못할 뿐이다.

결국 우리는 거미줄처럼 엉켜 있는 뇌 구조를 우산형 구조로 바꿔야 한다. 검색은 누구나 할 수 있다. 하지만 생각은 오직 나만이 할 수 있다. 앞으로 10년, 20년 후에 진정 승리하는 자는 결국 인문학적 뇌 구조를 가진 사람일 것이다. 인문학 서적을 진지하게 읽어가며 우리 뇌에 지적인 자극을 주고 생각하고 상상하는 힘을 기르자. 나 역시 잡스와 같은 우산형 뇌 구조를 만들기 위해 다시 책을 열심히 읽고 있다. 아직 얼마 되지도 않았지만 굉장한 변화를 느끼고 있다. 생각이 다양해지고 스스로 생각의 힘이 굉장히 강해지는 것을 느낀다. 남들도 하는 똑같은 사고는 소용이 없다.

이처럼 잡스를 비롯한 많은 이들이 인문학을 강조하는 이유는 다른 데 있지 않다. 그것이 어떠한 형태이든 간에 인문학은 내가 갖고 있는 몽상을 남들이 따라올 수 없는 상상으로 만들어주기 때문이다. 1000년 동안 스테디셀러로서 꾸준히 읽히는 책들이 있다. 왜 그럴까? 절대로 변하지 않는 진리가 그 안에 담겨 있기 때문이다. 수백 년 동안 사람들에게 읽히는 책은 그것이 진리에 가깝다는 뜻이다. 또한 우리가 현재 살아가는 세상의 중심 체제인 자본주의, 민주주의 등이 모두 당대의 천재들이 만든 인문학으로부터 나왔다는 사실을 기억할 필요가 있다.

아이패드는 개개인 모두가 유저 CEO가 될 수 있는 장을 만들어주었다.
그 장에 뛰어드는 것은 순전히 개인의 의지에 달렸다.
모두가 공평하게 자신의 실력과 꿈,
상상력을 평가받을 수 있는 곳.
그곳이 바로 스티브 잡스가 만들어낸 아이패드 세상이다.

Part 3

아이패드의
성공전략

01

불변의 법칙!
공짜 점심은 없다

아이패드 세상의 장점은 누구에게나 새로운 도전의 기회가 늘 열려 있다는 점이다. 앱을 올린 사람은 돈을 벌어서 좋고, 그것을 사는 사람은 새로운 세상을 즐길 수 있어서 좋다. 돈 버는 사람, 파는 사람뿐만 아니라 모두가 행복할 수 있는 곳. 그곳이 아이패드 세상이다.

유상 정신을
입력하라

이제 아이패드적인 성공전략이 무엇인지 자세히 살펴보자. 먼저 스스로에게 질문을 던져보라.

"나는 유료인가? 무료인가?"

아이패드 세상에서는 정말 많은 것들이 무료다. 그 수많은 콘텐츠들을 누가 다 개발해 올렸을까 놀랍다. 더 놀라운 사실은 그것들 대부분이 무료라는 것이다. 인터넷에 들어가면 많은 것들이 무료임을 알 수 있다. 정말 다양한 정보들이 무료다.

얼마 전 MBC「황금어장」'무릎팍 도사'에 대한 자료가 필요한 적이 있었다. 그런데 막상 어디에서 찾아야 하는지 갈피를 잡을 수가 없었다. 그렇게 이리저리 헤매는 나를 보고 딸이 한마디를 했다.

"엄마, 인터넷에서 검색해봐. 분명히 자료를 올려둔 사람이 있을 거야."

나는 반신반의하며 검색을 했다. 그런데 이게 웬일인가. 1회부터 가장 최근까지의 모든 정보가 담긴 자료가 곳곳에서 발견되었다. 첫 회부터 지금까지의 게스트와 주요 내용까지 말이다. 물론 이 쉽지 않은 작업은 '무보수 노동'을 자처한 네티즌의 작품이었다.

이처럼 인터넷의 바다에는 공짜가 많다. 그럼 과연 누가 돈을 버는 것일까? 엉뚱하게 옆에 놓여 있는 밥솥과 비데가 번다. 무슨 뜻인가 하면 배너 광고를 말하는 것이다.

하지만 아이패드는 정면 승부를 한다는 점에서 기존의 웹과 다르다. 배너 등 광고가 없고 직접 자기 콘텐츠를 올려 거래가 이루어진다. 기존의 웹은 다양한 정보를 제공한다. 많은 정보가 몰려 있고 손쉽게 접근 가능한 창이 각광을 받는다. 이를테면 다음이나 네이버를 예로 들 수 있다. 그럼 이것들은 어떤 수익으로 운영될까? 바로 광고다. 정보를 공짜로 제공하는 대신 광고를 통해 수익을 창출하는 것이다.

하지만 아이패드 세상은 보다 직접적인 정보 소비가 일어나는 곳이다. 오로지 콘텐츠만으로 승부를 하기 때문에 앱을 올리려면 정말 양질의 것이어야 한다. 광고가 없기 때문이다. 물론 무료 앱도 존재한다. 사실 상당히 많다. 하지만 이는 일단 앱의 맛을 보라는 의미일 뿐이다. 대충 만든 게 아닌 완벽한 콘텐츠로 승부를 걸어야 하기에 언제든지 무상에서 유상으로 전환될 수 있다. 만약 정말 독특하고 창조적인 앱이 아니라면 유상으로 전환하는 동시에 유저들은 그것을 외면할 것이다.

하루에도 얼마나 많은 앱이 올라오는가. 그렇지만 상위 20위 안에 랭크되지 못한다면, 그래서 검색이 되지 않는다면 사람들은 그것을 철저히 외면한다. 평가가 굉장히 공평하고 깨끗할 수밖에 없다.

결국 아이패드 세상에서의 무상은 광고 수익을 예측한 무상이 아니라 유상으로 가기 위한 무상이다. 직접적이고 저돌적으로 콘텐츠를 판매하는, 기존 웹과는 차원이 다른 무상 서비스인 것이다.

얼핏 보기에 아이패드 역시 무상인 듯하다. 하지만 좋은 정보를 무료로 제공해서 사람들이 몰리게 한 다음 광고주들을 모아 수익을 창출하는 웹과는 전혀 다르다. 무료로 포석을 깔아 일단 사람들이 몰리게 하는 것은 비슷하다. 하지만 사람들이 무료로 정보만 받고 나가는 것이 아니라 어떻게든 유료로 나에게 무언가를 지불하게 만드는 적극성, 바로 그것이 아이패드의 '유상 정신'이다.

지식사회에서는 괜찮은 콘텐츠가 바로 돈이다. 지식이라는 제품이 다변화되고, 지식 자체가 값비싼 상품이 되어 팔린다. 지식사회가 발전할수록 이런 추세는 더욱 강해질 것이다.

내가 아트 스피치를 시작한 이후로 가끔 듣는 이야기 중 정말 나를 화나게 하는 말이 있다.

"아무런 밑천도 들이지 않고 돈을 벌어서 얼마나 좋아요?"

과연 내가 아무런 노력도 하지 않고 아트 스피치를 시작할 수 있었을까? 지식사회 이전에 사람들은 지식 자체가 경제적으로 환산될 수 있다는 사실을 인정하지 않았다. 특히 강연이나 책 등은 의례 '공짜'인 양 생각했다. 정말 잘못되고 염치없는 생각이다.

예전에 지식은 가격을 매길 수 없었다. 그러니 그것을 무료로 전부 공개하고 사람들이 몰려야만 광고 등으로 수익을 올렸다. 하지만 이젠 아니다. 지식이 지식으로 거래되는 세상이 왔다. 따라서 지식을 가공하는 능력이 무엇보다 중요하다. 제대로 된 지식 상품이 아니면 팔리지 않는다. 웹은 정보를 수집했지만 이제 어플리케이션은 정보를 팔고 산다. 팔리는 지식 상품을 만들어야 하기에 지식사회 역시 업그레이드될 수밖에 없다.

그렇기 때문에 콘텐츠가 있는 사람은 아이패드가 만들어놓은 무한대의 시장에서 성공할 수 있는 가능성이 훨씬 높다. 지식이 제대로 인정받을 수 있는 세상이 온 것이다. 아이패드는 진정한 콘텐츠 지식인의 사회를 만들었다.

자, 당신은 무상인가, 유상인가? 당신의 콘텐츠에 사람들이 기꺼이 돈을 지불할 수 있는가? 당신이 살아온 인생 그리고 당신이 해온 일들 모두를 엄청난 콘텐츠, 아니 '엄청나게 될' 콘텐츠로 만들 수 있다. 당신은 분명 유료다. 언제 어디서라도 즉시 괜찮은 콘텐츠를 만들어낼 수 있도록 지금부터 스스로의 실력을 갈고닦아야 한다.

네트워크가
관건이다

광고도 소용없고 대규모 마케팅 전략도 없다. 엄청난 돈을 들여 소비자 취향 조사를 할 수도 없다. 그럼 도대체 무엇으로 제품을 홍보할 수 있을까?

아이패드 세상에서 제품을 홍보하는 유일한 방법은 바로 네트워크를 통한 공정한 심판이다. 유저들이 실제로 앱을 사용해 보고 무엇이 좋은지 공유하면서 앱 구매는 불붙기 시작한다. 앱이 성공하기 위해서는 결국 유저들의 공정한 심판을 통과해야 한다. 네트워크가 발달하면 할수록 큰 목소리, 센 목소리보다는 '많은' 목소리가 우세하게 마련이다.

따라서 앱에서는 센 목소리 하나보다는 10만 개의 작은 목소리를 가진 이들이 진정 힘 있는 사람이고 또 그런 이들이 돈을 번다. 영향력을 가진 누군가가, 혹은 소수의 사람들만이 환호하고 지지하는 제품은 결코 성공하지 못한다. TV 광고처럼 유명한 누군가가 선전을 한다고 해서 앱이 성공할 수는 없다는 말이다. VIP 마케팅, 인맥 마케팅이 먹히지 않음은 물론이다. 극히 공평한 시스템이다. 삼성에서 만든 앱이라고 잘 팔리고 그렇지 않은 앱은 팔리지 않을까? 대박을 터뜨린 앱 중에서는 그 회사가 어디에 있는지, 만든 이가 누군지도 모를 앱들이 수두룩하다. 오직 먼저 사용한 유저들의 후기만이 남는다. 그 후기가 좋으면 수요가 뒤따른다.

아이패드 세상에서는 기존의 제품들에 대한 사람들의 판단 기준만으로 앱을 생각해선 안 된다. 앱은 지식 제품이다. 지식 제품에 준하는 판단 기준을 가지고 사람들이 움직인다는 사실을 알아야 한다. 네트워크 시장에서 고객은 기존의 고객들과 전혀 다른 사람들이다.

깨어 있는 당신은
유저 CEO

우리는 전부 무언가의 유저다. 아이패드가 만든 시장이 형성되면서 네트워크가 해낸 일 중 하나가 바로 똑똑한 유저 CEO를 많이 길러냈다는 점이다. 김미경의 파랑새 강연을 듣는 이들은 모두 '파랑새 강연 유저'다. 그럼 당신은 생각해야 한다. 파랑새의 유저로만 남을 것인가? 아니면 이를 통해 새로운 유저 CEO가 될 것인가?

내가 사용하고 행동하고 있는 분야에서 유저 CEO가 될 수 있는 방법은 무엇일까? 이 문제를 끊임없이 고민해야 한다. 바로 그 무대를 열어준 것이 아이패드다.

여기 음악에 관한 앱이 하나 올라왔다. 음악을 공부하는 다른 이들이 그것을 구매해 사용한다. 그리고 "이렇게 만들면 더 좋을 텐데" 하고 평가한다. 그다음은? 보다 개선된 앱이 개발

되어 나온다. 미술과 관련된 앱을 개발하는 사람들은 남들이 이미 내놓은 관련 앱들을 전부 구매해 사용할 것이다. 더 좋은 것을 만들기 위해서다.

아이패드 세상에선 기술 스파이가 존재할 수 없다. 이미 모든 기술이 공개되어 있기 때문이다. 수십만의 유저들이 특정 앱을 사용하며 더 좋은 앱으로 업그레이드를 시킨다. 그리고 누군가는 그것으로 대박을 터뜨려 재벌이 된다. 가만히 놔두어도 기술의 진화가 끊임없이 일어나는 셈이다. 네트워크가 있기에 가능한 일이다. 네트워크 내에서 불과 한두 달 전까지만 해도 단순한 유저에 불과했던 사람이 유저 CEO가 되어 앱 재벌로 탄생한다. 하루에도 수많은 앱 재벌들이 탄생한다.

전 세계에 수십만, 수백만의 사람들이 앱 세계에서 움직이고 있다. 이런 엄청난 움직임이 끊임없이 일어나기에 매일같이 경제적 가치가 새롭게 창출되는 것이다. 소비자이자 생산자인 사람들이 갈수록 늘어나고 있다. 물론 애플의 플랫폼 사업이 없을 때도 이런 모습을 목격할 수 있었다. 하지만 아이폰, 아이패드가 가져온 변화는 그 폭을 무한대로 넓혔다. 개방이라는 커다란 선물이 터지자마자 무수히 많은 유저 CEO가 등장했다. 그들로 인해 스티브 잡스는 엄청난 수익을 올릴 수 있었다. 그는 다만 사람들의 꿈을 담을 수 있는 그릇을 제공했을 뿐이다. 그 이후엔 사람들이 알아서 그릇을 넓혀나가고 있다.

나는 당신에게 유저 CEO의 꿈을 절대 놓지 말라고 말하고 싶다. 아이패드 세상이 열린 후 많은 이들이 유저 CEO를 꿈꾼다. 지금 당장 생계를 위해 하고 싶은 일을 미루고 있는 사람들 역시 유저 CEO의 꿈을 가지고 있다. 그 꿈을 절대 버리지 마라.

나 역시 유저 CEO의 꿈이 있다. 나를 유저 CEO라고 평가하는 사람들이 지금도 있겠지만, 나 역시 갈 길이 멀다. 그리고 은퇴 이후의 내 삶을 더욱 풍요롭게 해줄 유저 CEO의 꿈은 반드시 필요하다.

꿈이 있는 자는 절대 늦지 않는다. 그 꿈을 계속 안고 가면서, 과연 어떠한 노력들이 유저 CEO의 꿈을 현실로 만들어줄 수 있는지 고민해야 한다. 결국 사람은 스스로를 사용할 때 가장 큰 기쁨을 느낀다.

국내에도 스티브 잡스에게 영감을 받아 유저 CEO로 거듭나는 이들이 늘고 있다. 비록 분야는 다르다 해도 이들 모두 도전정신과 창의력으로 한국의 스티브 잡스를 꿈꾼다. ITH 김범섭 대표도 그중 한 명이다. 그는 스티브 잡스가 차고에 애플 사무실을 차렸던 것처럼 지인이 하던 주유소 2층 사무실에 들어가 숙식을 해결해가며 아이템을 만들었다. 항공기를 만들고 싶어 카이스트 항공우주공학과 박사 학위를 받았지만, 현실은 항공기 부품 하나를 연구하는 기술자에 불과했다.

방황하던 그는 "일생에 한 번은 회사를 차려봐야 한다"는 스티브 잡스의 말처럼 자신 역시 죽기 전에 창업을 한번 해봐야 겠다는 결심을 한다. 그리고 ITH를 설립했다. 이후 부침을 겪으면서도 포기하지 않았던 그는 일종의 '인맥 기반 지식 유통 플랫폼'인 '톡픽'을 개발해냈다. 이는 트위터 같은 소셜네트워크 서비스를 통해 올라온 정보 가운데 개인이 관심 있어 하는 사안에 대해 '링'이라는 커뮤니티를 만들어두면 관련 내용이 알아서 차곡차곡 쌓이는 서비스다. 하지만 다시 개발 사업이 중지되는 위기가 찾아왔고, 결국 단 2명의 직원만 남는 상황에 처했다. 하지만 김 대표는 여기에서 포기하지 않았다.

결국 지난해 12월 ITH는 '위시홀릭'을 출시했다. 받고 싶은 선물 리스트를 위시홀릭에 적어놓으면 자동으로 트위터, 페이스북과 연동되어 지인들에게 내가 받고 싶은 선물을 알려준다. 이는 자신이 받고 싶은 선물을 은근히 드러내는 방법을 고민하다 개발한 것이다. 그는 결혼, 생일, 돌잔치 등의 행사 때 필요한 선물을 받으면 주는 사람과 받는 사람 모두 한층 더 즐거워질 것이라 말한다.

반응은 나쁘지 않았다. 많은 사람들이 김 대표의 개발 의도에 공감했다. 이제 그는 트위터와 연동된 유저보드, 즉 소셜 고객센터 서비스도 선보이며 다양한 사업을 진행하고 있다.

재활 로봇 기기와 스마트폰을 연동시켜 증강현실(augmented reality)을 이용한 뇌졸중 재활 장갑을 개발하고 있는 울산로보

티스의 최용근 대표, 소셜 게임 '해적의 유산'과 소셜커머스 사업 '폰폰'을 개발한 파프리카랩의 김동신 대표, 양질의 콘텐츠 유통을 위해 지인들이 추천한 글을 모아주는 사이트인 '유저스토리랩'을 개발한 정윤호 대표도 유저 CEO다. 또한 국내에 처음으로 소셜 게임을 도입한 선데이토즈 이정웅 대표, 출시하자마자 100만 명이 넘는 가입자가 몰리는 등 선풍적인 인기를 끌었던 '쿠폰모아' 어플을 출시한 씽크리얼즈 김재현 대표 등도 최근 많이 등장하고 있는 유저 CEO의 예다. 그들은 모두 스티브 잡스의 도전 정신과 끊임없는 상상력에 자극을 받아 스스로 유저 CEO의 길에 뛰어든 인물들이다.

아이패드는 개개인 모두가 유저 CEO가 될 수 있는 장을 만들어주었다. 그 장에 뛰어드는 것은 순전히 개인의 의지에 달렸다. 모두가 공평하게 자신의 실력과 꿈, 상상력을 평가받을 수 있는 곳. 그곳이 바로 스티브 잡스가 만들어낸 아이패드 세상이다.

모두가 이익을 얻는
공생 시스템

아이패드 세상은 공정하며, 누구나 이익을 얻을 수 있다. 아이패드의 세상에선 누가 돈을 벌까? 결국 승자는 누구일까? 일단 앱을 파는 사람이 돈을 번다. 하지만 거기에서 끝이 아니다. 앱을 구매하는 사람은 좋은 지식을 0.99달러에 사서 좋고, 파는 사람 역시 글로벌한 앱 시장에서 상품을 저렴한 가격에 팔 수 있어 좋다. 누구든 콘텐츠만 좋으면 전 세계에 자신을 알리고 글로벌 마켓을 가질 수 있다.

과거엔 방송국 등의 매체를 통해야만 자신을 알릴 수 있었다. 하지만 이제 그런 시대는 지났다. 방송국 PD와 인맥이 없어도 되고, 홍보를 따로 할 필요도 없다. 팟캐스트나 유튜브를 통해 하루아침에 스타가 되는 것도 더 이상 꿈이 아니다. 기타 신동으로 불리며 스타가 된 임정현의 경우 과거였으면 최소

CNN이나 하다못해 한국의 「놀라운 대회 스타킹」에라도 나왔어야 그 정도의 인기가 가능했다. 하지만 그는 단지 유튜브에 자신의 연주 동영상을 올렸을 뿐이다. 그다음에 전 세계 유저들이 그를 평가하면 되는 것이다.

이처럼 아이패드 세상의 장점은 누구에게나 새로운 도전의 기회가 늘 열려 있다는 점이다. 앱을 올린 사람은 돈을 벌어서 좋고, 그것을 사는 사람은 새로운 세상을 즐길 수 있어서 좋다. 동시다발적인 이익이 늘 돌아다닌다. 돈 버는 사람, 파는 사람뿐만 아니라 모두가 행복할 수 있는 곳. 그곳이 아이패드 세상이다.

바로 이것이 아이패드의 성공전략이다. 이러한 매력이 있기에 아이패드에 수많은 사람들이 뛰어드는 것이며 그것은 아이패드의 성공과 직결된다. 서두에서도 말했지만, 이렇게 많은 사람들과 콘텐츠가 담긴 아이패드를 단순히 하드웨어만 복제한다고 이길 수 있을까? 불가능하다. 기계는 모방하고 복제할 수 있어도 사람들과 콘텐츠를 단숨에 빼앗아 올 수는 없다. 동시다발적으로 끊임없이 이익이 공유되는 꿈의 무대, 아이패드는 그 끝을 가늠할 수 없을 정도로 성장하는 중이다.

디바이스가 권력을 갖는 순간 유저들은 그곳을 떠나게 되어 있다. 다 받아들여야 한다. 잡스는 그 점을 누구보다 잘 알았다.

이러한 아이패드의 성공전략을 개인에게 적용시켜 보자. 나를 통해 이익을 공유할 수 있는 사람이 많을수록 나는 아이패드처럼 괜찮은 플랫폼이다. 자, 김미경이란 사람을 통해 행복한 사람이 몇 명이나 될까? 내 자신과 가족들? 돌이켜보건대, 스물아홉에서 서른 살 때까지 나로 인해 행복한 사람, 이익을 얻는 사람은 그리 많지 않았다.

그러면 지금은 어떨까? 나의 아트 스피치로 인해 대화의 자신감을 얻은 사람들, 파랑새 강연을 통해 즐거움과 많은 스피치 스킬을 배운 사람들. 그 모든 사람들이 나로 인해 이익을 얻는다면, 나는 정말 행복한 플랫폼의 역할을 하고 있는 것이다. 그게 살아가는 기쁨이고 지식사회를 살아가는 법이다.

나이를 먹으면 먹을수록 나로 인해 이익을 보는 사람들이 더욱더 많이 늘어나야 한다. IT 제품조차도 이처럼 철학이 담긴 제품, 즉 보면 볼수록 남에게 좋은 영향을 끼치는 제품이 결국 성공하고 돈을 번다.

정보가 공개된 현대사회에서는 그 무엇도 완성품이 될 수 없다.
아이패드의 장점은 쓰면 쓸수록 강해진다는 것이다.
많은 이들의 꿈과 상상력을 담는 그릇.
그 아이패드적 사고를 가지고 링크를 걸어야 한다.

Part 4

지금 당신의
실용과 상상을
접목하라

01

당신을 열어라,
당신을
클릭할 것이다

지식사회, 정보화 시대에는 내가 가진 것을 충분히 남에게 보여줬을 때 상대방이 나에게 매력을 느끼고 나에게 링크를 걸어주며 서로 성장해나갈 수 있다. 아이패드적 관점에서 1 더하기 1은 2가 아니다. 링크는 우리에게 무한대의 결과를 안겨줄 것이다.

아이패드 세상의
'킬러'가 되어라

나는 아이패드의 성공전략을 내 사업에 적용시키기로 결심했다. 그 첫 번째 도전이 바로 스피치 도서관이었다. 네이버에 스피치 도서관(http://blog.naver.com/miraewomen)이라는 카페를 만들었다. 만든 지 두 달 만에 엄청나게 많은 콘텐츠가 올라왔다. 어떠한 일이 벌어진 것일까? 먼저 아이패드가 가르쳐준 그대로 실행했다. 모든 정보를 다 개방한 것이다. 나의 스피치 노하우를 모두 알려줬다. 과거에는 절대 하지 못했던 일이었다. '그동안 얼마나 피땀 흘려 만들어낸 노하우인데, 그걸 그냥 공개하나?'라는 폐쇄적인 자세를 가지고 있었다. 나만 알고 있을 것이라고 생각하며 꽁꽁 숨겼다. 하지만 그 모든 것을 거의 다 무료로 개방했다.

그러자 놀라운 일들이 벌어졌다. 카페에 가입하는 이들이 늘면서 네트워크가 형성되기 시작하더니 그 안에서 새로운 콘텐츠들이 마구 생겨났다. 가입자들이 내 글들을 보며 더 나은 방향으로 자신의 의견을 덧붙여주었다. 면접이나 인터뷰 분야에서 나보다 더 뛰어난 이들이 카페에서 자신들의 노하우를 공개하고 그것들이 융합을 일으켜 유저 CEO의 생산과 소비가 동시에 일어나는 기반이 갖춰지기 시작했다.

이러한 변화가 어느 정도 갖춰지고 일정한 시점에 이르면 어떻게 될까? 동시다발적인 이익 공유가 가능해지는 시스템이 만들어진다. 스피치 도서관이 가입자들의 콘텐츠로 인해 스스로 강력해지고 있다.

결국 개방을 해야 한다. 그래야 수많은 이들이 들어와 우리의 머리를 더욱 똑똑하게 만들어줄 수 있다. 그게 바로 아이패드적 사고다. 우리는 모두 플랫폼이 되어야 하는 것이다. 아이패드가 바로 꿈의 플랫폼 아니던가? 남들이 들어와 신나게 놀고 가고 그 흔적이 쌓여 새로운 콘텐츠가 된다.

이것은 마치 목 좋은 곳에 자리를 잡아 대박을 터뜨리는 식당과 같은 이치다. 내가 괜찮은 콘텐츠를 많이 생산해낼 수 있는 플랫폼의 역할을 한다면 많은 이들이 찾아올 것이다. 그러면서 나로부터 많은 콘텐츠를 받아 가며 일정한 대가를 지불할 것이다. 아이패드와 마찬가지로 사람 역시 플랫폼형 인간이 되면 성공할 수 있다. 플랫폼형 인간에게는 많은 사람들이 몰릴 수밖에 없다. 그리고 그 안에서 이익이 창출된다.

폐쇄적인 마인드에서 벗어나 통제를 풀어라. 그렇다면 당신은 성공할 수 있다. 이것은 이제 하나의 진리가 되어가고 있다. 델컴퓨터의 사례가 좋은 예다.

과거에는 델컴퓨터에 문제가 생겼을 경우, 델컴퓨터의 웹 사이트에서 조건에 맞춰 문의해야 했다. 하지만 고객들은 델컴퓨터의 웹 사이트와 통제권에서 벗어나 다른 곳, 예를 들면 블로그 등을 통해 바라는 바를 말하기 시작했다. 델의 서비스가 형편없다는 이야기들이 블로그에서 퍼져 나갔고, 고객 서비스 등급이 떨어졌으며, 판매 실적도 부진해졌다. 자연히 주가도 폭락했다.

이러한 고통스러운 경험을 한 뒤 델컴퓨터는 블로거들의 불만 사항을 일대일로 상담하고 해결해주는 프로그램을 만들었다. 고객들이 델컴퓨터에 의견을 개진하고, 사이트에 올라온 의견들을 대상으로 논의를 거쳐 가장 좋은 의견을 선정할 수 있는 '아이디어스톰' 사이트를 개설한 것이다. 이후 블로거들의 불만은 급감했고 다양한 생산적 제안들도 얻을 수 있었다. 여기에서 얻을 수 있는 교훈은 단순하다.

"고객의 말을 무시할 경우 순식간에 주위에 적이 생길 위험이 커진다."

"반대로 고객의 말을 경청하고 그들을 신뢰하고 고객과 협력하면 많은 혜택을 누릴 수 있다. 고객이 주인이 되어 통제해야 한다."

내가 나의 아트 스피치 노하우를 끝끝내 공개하지 않고 혼자서만 알고 있었다면, 지금과 같이 더 좋은 노하우나 스킬들을 배울 수 있었을까? 또한 카페에 가입한 수많은 이들의 이익 공유를 가능케 할 수 있었을까? 내가 성공하기 위해서는 먼저 열어야 한다. 그것이 아이패드가 전해주는 단순하면서도 명확한 진리다.

스피치 도서관에 이은 또 하나의 도전이 바로 한 달에 한 번 있는 파랑새 강연이다. 나는 내가 가진 킬러 콘텐츠를 모두 개방해서 한 달에 한 번 강연을 한다. 참가자들은 강연을 통해 저마다 얻어 가는 게 있어 좋고, 강연이 알려지면서 많은 곳에서 협찬이나 후원이 들어와 그것을 좋은 일에 쓸 수 있어서 좋으며, 또 강연료의 일부분을 불우한 이웃들과 나눌 수 있어 좋다.

내 목표는 파랑새 강연을 통해 1000명 이상이 행복해지는 것이다. 다수가 행복해지는 것. 이 조건을 충족시켜야 제대로 된 콘텐츠, 제품이라 할 수 있다. 그 제품이 아이패드와 같은 기계든, 사람이든, 눈에 보이지 않는 서비스든 간에 여러 사람을 행복하게 해주어야 한다. 그래야 최고의 제품이 될 수 있다.

그래서 다시 중요한 것이 무엇인가? 바로 플랫폼이다. 우리는 행복한 플랫폼이 되어야 한다. 플랫폼은 무엇인가? 정거장이다. 수많은 사람들이 드나들며 소중한 추억을 만들 수 있는 행복한 정거장. 그러기 위해서는 사람들이 나를 클릭할 수 있도록 만드는 콘텐츠, 즉 킬러 콘텐츠가 필요하다.

당신의
조회수는 얼마인가

한번 곰곰이 생각해보자. 하루 동안 당신을 클릭하는 사람은 몇 명인가? 당신은 몇 번이나 다른 이들에게 클릭을 당하는가? 좋은 플랫폼의 기본 조건은 킬러 콘텐츠다. 사람들이 당신을 클릭하게끔 만드는 것, 그것이 바로 킬러 콘텐츠다. 우리 모두는 킬러 콘텐츠를 하나씩 가지고 있어야 한다. 이는 지식사회에서 살아남을 수 있는 방법이기도 하다. 직장 생활을 하든 무엇을 하든 타인이 당신을 거치지 않고는 도저히 일을 할 수 없는 것 하나씩은 가지고 있어야 한다.

있는지 없는지도 모르고 스쳐 지나가는 정거장이 있는가 하면, 내리고 싶은 충동을 느끼게 만드는 정거장이 있다. 우리는 그런 정거장이 되어야 한다. 누구나 내리고 싶은 매력을 가진 정거장.

우리 사무실에서는 20명가량의 직원들이 일한다. 그런데 가만히 보면 내가 클릭을 자주 하는 직원은 정해져 있다. 그중에는 기획력이 그리 뛰어나진 않지만 성격이 밝고 상처를 쉽게 받지 않아 영업에 제격인 직원도 있다. 그 직원은 아무리 짜증이 나고 무례한 전화를 받아도 상처를 입지 않는다. 바로 그것이 그 직원의 킬러 콘텐츠인 것이다.

한편 게으른데 아이디어가 좋아 늘 괜찮은 기획안을 내는 직원도 있다. 그 역시 클릭 수가 높을 수밖에 없다. 폭넓은 인맥을 가진 직원, 친절함이 체질화되어 있는 직원, 박학다식해서 뭘 물어도 척척 대답하는 직원. 이렇게 무언가 하나씩 자신만의 무기를 가지고 있어야 한다. 그런 직원들은 당연히 클릭 수가 높고 연봉도 올라갈 수밖에 없다. 이런 킬러 콘텐츠가 없다면 타인들이 온종일 단 한 번도 클릭하지 않는 '조회수 제로'의 사람이 될 수 있다.

「입영열차 안에서」 「사랑일 뿐야」로 기억되는 가수 김민우. 그는 혜성처럼 가요계에 등장해 「가요 톱 10」에서 10주 연속으로 1위라는 전무후무한 기록을 세우기도 했던 유명 스타였다. 하지만 군대를 다녀온 직후 그야말로 가요계를 뒤흔든 '서태지와 아이들'에 가려져 변변한 재기도 하지 못하고 사람들의 기억 속에서 지워졌다. 전국 밤무대를 돌며 노래를 계속 했지만 이미 사람들의 마음속에 가수 김민우는 설 곳이 없었다. 그러다 재기를 꿈꾸며 애써 차린 연습실마저 정신이상자의 방화로 잿더미가 되고, 결국 그는 스물일곱에 막대한 빚을 진 채 가족의 생계까지 책임져야 하는 신용불량자가 되고 말았다.

만약 여기에서 그대로 포기해버렸다면, 그는 영영 그 누구도 클릭해주지 않는 조회수 제로의 인생으로 끝났을 것이다. 하지만 그는 포기하지 않았다. 누구도 그가 할 수 없을 것이라 여겼던 자동차 세일즈에 뛰어들었고, 결국 2004년 벤츠 판매왕에 등극했다.

과연 무엇이 그를 수없이 클릭하게 만들었을까. 김민우는 '명함이 아닌 심장을 건넨다'는 마음으로 한결같이 자신을 갈고닦았다. 매일 아침 누구보다 먼저 출근해 전시장 앞 보도블록의 껌을 뗐고 전시 차량을 닦았다. 자신보다 한참 어린 선배 영업사원에게도 깍듯이 고개 숙여 인사하고 고객이 보지 않는다는 걸 알면서도 모든 전화를 서서 받았다. 장례 행렬의 선두차를 직접 운전하기도 했고 친목 모임에 대동해 달라면 그것도 마다하지 않았다. 자신을 부르는 곳이면 어디든 달려가 '이 차와 함께 인간 김민우도 드리겠습니다'라는 마음으로 스스로를 던졌다. 결국 그는 한 달에 1.5~2대를 팔면 성공이라던 외제차를 무려 8대 이상 판매하면서 벤츠 판매왕이 될 수 있었다.

주저앉고 싶은 위기의 순간, 그는 다시 일어나 자신의 킬러 콘텐츠를 만들어가기 시작했다. 이제 그는 기업체 섭외 1순위

교육강사이자 대경대학 자동차딜러과 전임교수로 새로운 도전을 이어가고 있다.

지금 이 순간 스스로 평가해보자. 내가 가진 킬러 콘텐츠는 무엇인가? 나는 어떤 킬러 콘텐츠를 만들 수 있을까? 무엇이 사람들로 하여금 나를 클릭하게 만들 수 있을까?

링크는
나의 힘

킬러 콘텐츠 다음으로 중요한 것이 바로 링크다. 링크의 기본 개념은 개방이다. 앞서 스피치 도서관의 사례에서도 알 수 있듯, 내가 가진 것을 먼저 얼마나 오픈하는가에 따라 내가 발전할 수 있는 여지도 늘어난다. 폐쇄적으로 자신이 가진 것을 놓지 않으면 발전은 기대할 수 없다. 이제 링크를 얼마나 많이 걸 수 있느냐가 성공의 관건이 되었다. 오직 나만이 알고 있는 게 있다? 누구에게도 알려서는 안 된다? 모든 정보가 고스란히 오픈되는 지금의 세상에서 폐쇄적인 것은 결국 퇴보를 의미한다. 링크를 통해 진보할 것인가, 폐쇄로 인해 오히려 후퇴할 것인가.

예전에 MBC에서 어머니의 손맛을 주제로 강연한 적이 있다. 한국 김치 명인에 대한 강의였다. 나는 이 강연을 준비하면서 한 가지 의문을 가졌다.

'우리 김치가 세계 어디에 내놓아도 손색이 없을 정도로 맛있는 데도 불구하고 정작 세계화가 되지 못하는 이유는 뭘까?'

그 이유는 바로 링크의 부재에 있었다. 오히려 지금은 일본이 김치의 원조 국가인 것처럼 전 세계에 알려지고 있다. 과연 이 문제가 정부의 대대적인 지원과 홍보 활동만으로 해결될 수 있을까?

그렇지 않다. 우리 김치의 문제점은 바로 김치의 레시피를 '며느리도 모른다'는 데 있다. 우리나라 김치는 며느리에게도 링크를 걸지 않는다. 김치를 담그던 할머니가 세상을 떠나면 그 김치는 영영 사라지는 것이다. 외국의 유명한 음식들은 링크가 활발하게 이뤄진다. 레시피가 공개되어 있어서 누구나 거기에 따라 음식을 즐길 수 있다. 하지만 우리는 여전히 링크에 인색하다. 양념조차 링크가 안 된다. 오직 물증은 없고 심증만 있는 '갖은 양념'뿐이다.

정보가 공개된 현대사회에서는 그 무엇도 완성품이 될 수 없다. 아이패드의 장점은 쓰면 쓸수록 강해진다는 것이다. 많은 이들의 꿈과 상상력을 담는 그릇. 그 아이패드적 사고를 가지고 링크를 걸어야 한다. 음식 산업도 엄연한 지식산업이다. 숙성된 김치 맛을 오직 할머니 혼자만 알고 있다. 할머니가 세상을 뜨면 숙성된 맛도 세상을 떠난다. 손맛을 자랑스러워하는 것으로 끝내면 안 된다. 어찌 보면 손맛의 가장 큰 약점은 폐쇄

성이다. 며느리에게도 알려줄 수 없다며 혼자 안고 가면, 결국
그 김치는 세상에 빛을 보지 못하고 사라진다. 그것이 무슨 의
미가 있을까? 폐쇄성에서 벗어나 끊임없이 링크를 걸어야 한
다. 며느리에게 링크를 걸고, 또 다른 곳으로 확산시켜야 한다.
손맛에 따라 음식 맛이 좌지우지된다면 어떻게 세계화가 가능
할 것인가. 일본의 스시가 캘리포니아에 링크를 걸어 탄생한
것이 바로 캘리포니아 롤이다. 『구글 노믹스』의 제프 자비스는
링크가 오히려 전문화의 기회를 제공한다며 다음처럼 말했다.

"가장 잘하는 일을 하고 나머지는 링크하라."

그는 네트워크가 전문화를 강요한다고 말한다. 링크된 세계
속에서 모든 사람들이 원하는 모든 것을 한 개인이 만족시켜
주지는 못한다고 지적한다. 따라서 가장 잘하는 분야에서 두각
을 나타내는 게 중요하다.

그 방법 중 하나가 식당의 모든 소스를 공개하는 것이다.

"조리법을 온라인에 올리고, 사람들에게 제안을 하거나, 심
지어 위키피디아에서 제안을 편집할 수 있게 하라."

아마도 사람들은 더 많은 설탕을 넣으라는 등의 제안을 할
것이다. 그리고 집에서 각자 레시피대로 음식을 만들면서 여러
가지 변형을 시도해보고는 그 결과를 식당에 알려줄 것이다.

내가 아는 한 스파게티 식당의 사장님은 아이패드적 사고로
링크를 건 덕분에 성공했다. 그는 스파게티를 만드는 즉시 트

위터로 그 비법을 공개했다. 조리의 전 과정을 상세히 사진으로 찍어서 어떻게 만드는지를 모두 공개한 것이다.

뿐만 아니다. 그렇게 만든 스파게티를 트위터로 '오늘 오후 2시부터 판매합니다'라고 알렸다. 그 결과는 어떻게 됐을까? 사람들이 몰려들기 시작했다. 그리고 그가 공개한 레시피대로 스파게티를 만들다가 더 맛있게 만드는 방법을 알아낸 사람들이 도움이 될 만한 얘기를 해주기 시작했다. 그렇게 해서 만들어진 스파게티는 조리법을 제안한 사람의 이름을 붙여 팔았다. 반응은 그야말로 폭발적이었다.

이 사장은 '며느리'에게도 알려주지 않는 비법을 얼굴도 모르는 사람들에게 공개했다. 하지만 돌아오는 대가는 적지 않았다. 제안자들이 말한 대로 새로운 메뉴가 생기자 유저들의 관심이 높아지고 맛도 향상됐다. 아이패드적 법칙이 그대로 적용된 것이다.

"쓰면 쓸수록 강해진다!"

이제 사람들은 개방 속에서 함께 성장하기를 좋아한다. 그걸 지켜보는 일도 즐긴다. 더 이상 손맛을 폐쇄성 속에 감추는 것은 무의미하다. 플랫폼에는 모르는 사람들이 서로 오가며 머물러야 한다. 그게 플랫폼이다. 혼자 타고 혼자 내린다면 그것은 플랫폼이 아니다. 지식사회, 정보화 시대에는 내가 가진 것을 충분히 남에게 보여줬을 때 상대방이 나에게 매력을 느끼고 나에게 링크를 걸어주며 서로 성장해나갈 수 있다. 링크와 링크 사이의 지식은 더욱 커질 수밖에 없다. 아이패드적 관점에서 1 더하기 1은 2가 아니다. 링크는 우리에게 무한대의 결과를 안겨줄 것이다.

웹의 중심에서
세상을 향해 외치다

"웹의 허브가 되자."

웹이란 무엇인가. 굉장히 다양한 것들이 얽히고설켜 거대한 네트워크가 형성되어 플랫폼의 역할을 하는 것이다. 웹이말 그대로 거미줄처럼 퍼져 나가기 위해서는 전제 조건이 있다. 바로 통제하지 말아야 한다는 점이다. 웹의 크기와 형태가바로 그 사람 자신이다. 때문에 지식을 한쪽만으로 쌓거나 웹의 성격이 한 방향에만 치우쳐서는 안 된다. 정보를 모아도 한쪽으로 쏠리지 말아야 한다. 거미줄처럼 공평하게 계속 옆으로퍼져 나가야 비로소 플랫폼의 역할을 제대로 할 수 있다.

차별, 선별은 웹의 세상에선 허용될 수 없다. 통제와 차별은결국 웹 모양이 아니라 계단식 모양을 만들어낸다. 웹은 다양한 방향으로 퍼져 나가지만, 번지기만 하는 게 아니라 모이기도 한다. 이때는 당연히 허브로 모이게 되어 있다. 아주 다양한 콘텐츠들이 하나로 뭉쳤을 때 창의적인 결과물이 나올 수 있고, 모두가 공감하고 좋아하는 제품이 만들어질 수 있다.

한 방향으로만 뻗어나가면 과연 얼마나 갈 수 있을까? 다양성이 중요하다. 인간관계 역시 마찬가지다. 한쪽으로만 쏠린 사람은 환영받지 못한다. 한쪽으로 쏠린 지식을 가진 사람이 지식 전달자가 될 수 없고, 편향된 생각을 가진 사람이 다른 사람들을 가르치는 것 역시 어렵다.

간단히 말하면 '목' 좋은 사람이 돼야 한다. 비단 식당만이 아니라 사람 역시 목 좋은 사람이 성공하고 돈도 번다. 편안하고 친근한 제품이 잘 팔리는 이치와 같다. 모나지 않고 평평하게 여러 사람을 담을 수 있는 사람이 결국 성공한다.

아이패드 시장이 커질 수밖에 없는 이유가 여기에 있다. 통제나 차별이 없는 세상이기 때문이다. 부자, 가난한 자, 아이디어가 있는 자, 아이디어가 없는 자, 대기업의 CEO, 초등학생 모두가 공평하게 플랫폼을 이용한다. 플랫폼 관리를 애플이 아닌 모든 유저들이 알아서 한다. 그 과정에서 엄청난 앱 재벌이 생겨나고 있다. 지극히 공평하다는 점 덕분에 아이패드가 성공하는 것이다. 권위적으로 통제했다면 아마 스티브 잡스가 아닌 그 누가 됐건 아이패드는 실패를 하고 말았을 것이다. 우리는 사업과 생활, 그 밖에 모든 분야에 이를 적용해야 한다. 앞으로

IT가 발달하면 할수록 세상은 개방을 향해 나아갈 것이다. 통제는 더 이상 가능하지 않다. 그리고 바로 그런 사람들이 성공할 것이다. 권위주의와 통제는 지식사회에서 가장 먼저 버려야 할 요소들이다.

세계를
목표로 세팅하라

"자신의 목표를 처음부터 세계를 향해 세팅하라."

이것이 내가 제시하는 마지막 법칙이다. 이제 글로벌이라는 단어가 지겹고 식상할 때도 됐다. 하지만 이 명제를 기업이 아닌 나 스스로에게 적용시켜 본 사람은 그리 많지 않을 것이다.

우리는 그동안 제대로 글로벌 스탠더드에 맞게 스스로를 만들어왔는가? 우리는 정말 글로벌한 사람들인가?

최근 한류 열풍이 아시아를 넘어 유럽까지 불고 있다. 우리나라 연예인들이 외국에서 열광적인 반응을 얻는 것을 보면 뿌듯한 생각이 절로 든다. 하지만 단지 거기에서 생각이 멈춘다면 당신은 여전히 글로벌과는 거리가 먼 사람이다.

세계화는 취미로 하는 게 아니다. 필연적으로 반드시 이뤄져야 하는 것이다. 별 재미도 없어 보이는 페이스북에 사람들이 열광한다. 우리의 경우는 조금 덜하지만, 페이스북은 전 세계적으로 이미 기록적인 히트를 쳤다. 왜 그랬을까. 우리에게도 싸이월드가 있지 않은가? 사실 아기자기한 재미는 싸이월드가 더 월등하지 않나?

이유는 바로 페이스북의 대상이 처음부터 전 세계였다는 점이다. 이젠 무엇을 하든지 한국이 아니라 전 세계를 대상으로 시작해야 한다. 사실 한국이라는 시장이 얼마나 작은지는 경험해보지 못한 사람들은 모른다. 아마도 가수를 비롯한 연예인, 운동선수들은 국내 시장의 협소함을 누구보다 잘 알 것이다.

우리가 앱을 만들고 플랫폼을 만들 때 4800만이라는 인구는 너무도 작을 수밖에 없다. 가수들은 아예 플랫폼을 만들 때부터 다국어가 가능한 글로벌 웹으로 만든다. 서태지와 아이들 이후 100만 장이 넘는 앨범 판매고를 올린 가수로는 누가 있는가? 곰곰이 떠올려보라. 총 인구가 4800만 명이라지만 특정 상품을 팔려고 보면 500만 명이 채 되지 않는 시장이 너무 많다. 아무리 소녀시대나 2PM처럼 인기가 많다고 해도 10만 장 이상 팔리면 그야말로 대박이다. 3개월이면 이미 구입할 사람은 다 구입했다고 봐도 된다.

그러다 보니 일본과 중국 등으로 진출할 수밖에 없다. 투자한 금액을 회수하기엔 이제 국내는 한계에 다다랐다. 국내 엔터테인먼트 산업이 가진 고민이 바로 그것이다. 투자한 만큼 수익을 올릴 수 없다는 것이다. 한류는 바람을 타고 간 게 아니다. 생존을 위해 죽기 살기로 나간 것이다.

내가 지금까지 펴낸 책 중에서 가장 많이 팔린 것이 25만 부정도다. 한국에서 살 사람은 모두 샀다고 보면 된다. 국내 출판 시장이 아무리 거대하다고 해도 5만 부 이상 팔리면 많이 팔린 편이다. 사실 국내 시장은 그 정도로 협소하다.

이제는 글로벌 세팅이 절실하다. 모든 것을 처음부터 글로벌 세팅해야 한다. 삼성은 제품의 초기 개발 단계부터 세계시장을 바라보고 시작한다. 우리 역시 그래야 한다. 모든 분야에서 한류가 이뤄져야 한다. 해외에 진출한다는 마음으로 세팅하라는 뜻이다.

지금까지 우리는 유형의 상품이든, 무형의 콘텐츠 상품이든 일단 1차 시장으로 국내를 생각해왔다. 국내에서 충분히 수익을 올리고 해외로 진출하자는 생각이었다. 이젠 그렇게 했다간 이미 늦는다. 처음부터 로컬과 글로벌 세팅을 함께해야 한다.

아시아 시장만 봐도 광대하다. 이제 음악이든 책이든 모든 제품을 중국과 일본을 고려해서 만들어야 한다. 그동안 콘텐츠도 좋고 개발 실력도 뛰어난데 국내 시장을 너무 과신하는 경향으로 인해 원하는 목적을 이루지 못하는 경우가 많았다. 국내에서만 성공해도 충분하다고 생각했던 것이다. 하지만 그런 상품은 결국 치열한 가격경쟁으로 덤핑 처리되고 만다. 이제 그런 방식으로는 성공할 수 없다. 가격부터 내릴 생각하지 말고 처음부터 글로벌 세팅을 통해 시장을 무한대로 넓혀나가야 한다. 국내를 넘어 보다 큰 시장에서 콘텐츠를 평가받고 수익을 올린다고 생각해야 한다. 처음부터 4800만 명이 아닌 1억 명, 2억 명, 10억 명을 대상으로 세팅해야 생존할 수 있다.

아이패드는 이러한 글로벌 세팅을 한결 수월하게 도와준다. 이제 조금 있으면 출시될 나의 스피치 앱 역시 글로벌 세팅 중이다. 영어 자막을 넣은 것이다. 영어가 안 된다, 이미 늦었다고 생각하지 마라. 절대 늦지 않았다. 지금 당장 영어가 되지 않아도 괜찮다. 일단 사고의 틀 자체를 지역에서 세계로 넓히면 된다. 앞으로 몇 년 후 영어로 강연을 하는 게 내 목표다. 일단 목표를 넓게 잡고 차근차근 이루어나가면 되는 것이다.

일단 아이패드에 올릴 앱을 개발하면 개인사업자가 된다. 애플의 파트너가 되는 것이다. 그러면 어떤 변화가 일어나는가? 통장에 돈이 '달러'로 들어온다. 내가 바로 글로벌 사업자가 되는 것이다. 예전에는 글로벌 사업자가 되는 일이 굉장히 어려웠다. 우선 신용장을 끊어야 했고 절차도 무척 복잡했다. 하지만 아이패드 세상에서는 아무것도 아니다. 전혀 어렵지 않다. 글로벌 세팅은 이젠 더 이상 남의 얘기가 아니다. 처음부터 10억 명의 시장을 보고 도전하는 자세. 바로 그 자세가 아이패드적 사고다.

초강력 플랫폼으로
거듭나라

진정한 실용주의자와 몽상가는 하나다

세계를 놀라게 한 아이패드를 만들어낸 스티브 잡스. 그가 성공하고 엄청난 부를 얻을 수 있었던 이유는 명확하다. 그는 강력한 플랫폼을 가지고 있었다.

그런데 이 플랫폼의 속성을 보면 매우 공평하고 완제품이 아니면서 끊임없이 성장한다. 그 안에서 매일같이 수많은 유저들이 오고 가며 엄청난 네트워킹을 통해 상상조차 할 수 없는 엄청난 그릇으로 키워내고 있다. 아이패드가 연 세상은 아직도 무한 성장 중인 것이다.

이러한 아이패드의 성공, 스티브 잡스의 성공을 통해 우리는 네 가지를 배울 수 있다.

1. 앱처럼 사고하는 방법

2. 글로벌 세팅하는 방법

3. 사람들과 링크하고 자신을 개방해 더욱 강력해지는 방법

4. 사람들이 나를 클릭하게 할 킬러 콘텐츠를 만드는 방법

이 모든 것을 가능케 하는 힘은 무엇일까? 바로 실용과 몽상이다. 우리는 실용적 몽상가 스티브 잡스를 통해 이를 깨달았다. 이미 우리는 각 분야에서 어느 정도 실용을 갖추고 있다. 하지만 실용이 실용으로 끝나는 것은 내가 가진 실용을 옆 사람도 이미 가지고 있기 때문이다. 사람들이 내게 매력을 느끼고 나를 클릭하고 나와 링크를 걸 수 있도록 하기 위해선 실용에 몽상을 더해야한다.

나는 스물아홉 살부터 강의를 해왔다. 나에게 실용은 강의하는

실력과 강연을 만드는 능력이었다. 당시 나와 같이 강의를 시작했던 이들, 나와 똑같았던 강사, 실용가들은 정말 많았다. 하지만 나는 그 이후 몽상을 하기 시작했다. 그것은 바로 매달 5000명의 관객과 잠실체육관에서 강연을 하는 것이었다. 당시 사람들은 그런 나를 보며 그게 가능하겠느냐고 웃었다. 말 그대로 몽상일 뿐이라고 말했다. 하지만 나는 여전히 꿈꾼다. 그리고 그 몽상은 파랑새를 통해 점차 현실이 되고 있다.

나는 강사라는 내 삶의 실용에 몽상을 더하며 살고 싶다. 몽상이 있는 한 실용이라는 내 직업에서 오는 아픔, 괴로움, 불만족 등이 하루를 힘들게 해도 행복하다. 그리고 더욱더 성장할 수 있다.

스티브 잡스는 끊임없는 도전과 창조적 발상으로 새로운 세상을 만들어냈다. 그가 그렇게 할 수 있었던 것은 평소 꾸준히 인문학적 토양을 쌓아온 결과였다. 그의 인문학적 토양은 수많은 융합과 변주를 거쳐 아이패드라는 가장 단순하면서도 무한한 가능성의 디바이스를 창조해냈다. 그리고 이제 그는 더욱더 성장할 아이패드를 바라보며 또 다른 창조물을 꿈꾸고 있을지도 모른다.

인문학적 토양은 아무리 강조해도 지나치지 않다. 김대중 전 대통령은 하루에 적어도 하나 이상의 종이 신문을 꼭 읽으라고 말한 바 있다. 대통령 자신이 지독한 독서광이었음은 이미 잘 알려진 이야기다. 노무현 전 대통령 역시 독서광이었다. 언제나 그의 손에서 책이 떨어진 적이 없었다. 빌 클린턴 전 미국 대통령과 지금의 오바마 대통령 역시 마찬가지다.

이제 우리의 삶을 다시 한 번 아이패드적 사고로 바라보자. 당신의 사업, 직장 생활, 현재 하는 일. 이 모든 것이 이미 기존에 누군가가 해왔던 일의 반복인지, 기존에 이미 출시된 제품의 형태인지 생각해보라. 그렇지 않으면 아이패드적 사고를 통한 지식 사회에 걸맞는 새로운 속성이 들어가 있는지 살펴보라.

지금 이 순간 누군가 나를 클릭하고 있는지, 내가 가진 것을 얼마나 개방하고 또한 링크를 통해 더욱더 강력해지고 있는지 살펴보라. 그리고 나는 웹의 허브와 같은 존재인지, 복잡한 거미줄 어딘가에 걸려 있는 사람인지 돌아보라. 무엇보다 지금 내가 하는 일이 세계를 향해 있는지 생각해보자.

우리가 아이패드와 스티브 잡스를 통해 배울 수 있는 것 혹은 변화해야 하는 것은 단순하고 간단하다. 우리가 세상을 바라보는 시각, 생각하는 구조를 뒤엉킨 그물 모양에서 우산형 구조로 전환시키는 것이다.

아무 생각 없이 IT 세상을 바라보면, 그것은 우리의 생활을 조금 더 편리하게 해주는 것 외에 아무것도 아닐 수 있다. 오히려 우리의 뇌를 가볍고 얄팍하게 만들 수도 있다. IT가 만들어준 실용의 세상에 그대로 순응한다면 그것으로 끝이다.

보다 중요한 것은 IT라는 거대한 실용의 물결 앞에 몽상을 더해 진정한 실용으로 거듭나는 일이다. 창조와 상상력을 통한 새로운 창조. 이것이 아이패드와 스티브 잡스가 우리에게 전해주는 메시지다. 실용적 몽상가. 진정한 실용주의자와 몽상가는 결국 하나다. 그리고 그가 바로 다음 시대를 이끌 것이다. 실용과 몽상의 합일점을 찾아 당신의 삶이 더욱 풍요로워지고 행복해지길 바란다.

KI신서 3775

내 안의 **스티브 잡스**를 깨워라!

1판 1쇄 발행 2012년 2월 6일
1판 3쇄 발행 2012년 11월 29일

지은이 김미경 **집필지원** 염규현 권지희
펴낸이 김영곤 **펴낸곳** (주)북이십일 21세기북스
부사장 임병주 **MC기획2실장** 안현주
브랜드기획1팀장 정혜원 **브랜드기획2팀장** 이현정
MC기획2실 손인호 조영갑 오미현 이지혜 **디자인** 김진디자인
마케팅영업본부장 최창규
마케팅 김현섭 강서영 최혜령 김다영 이은혜 **영업** 이경희 정병철 정경원
출판등록 2000년 5월 6일 제10-1965호
주소 (우 413-120) 경기도 파주시 회동길 201(문발동)
대표전화 031-955-2100 **팩스** 031-955-2151 **이메일** book21@book21.co.kr
홈페이지 www.book21.com
21세기북스 트위터 @21cbook **블로그** b.book21.com/book_21

© 김미경, 2012

ISBN 978-89-509-3531-3 03320
책값은 뒤표지에 있습니다.